Manuela Oetinger: Leicht SEIN!
Spirituelle Wege zu einem neuen Körperbewusstsein

Manuela Oetinger

leicht SEIN!

Spirituelle Wege zu einem neuen Körperbewusstsein

Aquamarin Verlag

Deutsche Originalausgabe
1. Auflage 2007

Voglherd 1 • D-85567 Grafing
www.aquamarin-verlag.de

Umschlaggestaltung: Annette Wagner

ISBN 978-3-89427-367-5

Druck: Bercker • Kevelaer

INHALT

I. EINLEITUNG

Dieses Buch handelt von einer intensiveren und engeren Verbindung zwischen dem Körper und den feinstofflichen Ebenen. Es soll dabei helfen, wieder Harmonie und einen gesunden Austausch herzustellen zwischen der Intelligenz des Körpers, den Anforderungen im Energiebereich und den Wünschen der menschlichen Persönlichkeit. Es ermöglicht eine neue Sicht auf die Gesamtproblematik, öffnet das Bewusstsein und hilft gleichzeitig, Blockaden aufzulösen, seien sie persönlicher oder kollektiver Natur.

Millionen Menschen haben schon viele Diäten praktiziert oder Ernährungswege eingeschlagen, doch die meisten Versuche sind trotz guten Willens immer wieder fehlgeschlagen, wobei dafür oft nicht einmal die Gründe zu verstehen waren, da diese tiefer liegen. Oft sind Blockaden im Energiebereich vorhanden. Alte Muster aus der Vergangenheit hindern die Umsetzung guter Vorsätze, oder starre Gedankengebilde im Unterbewusstsein arbeiten beharrlich gegen die neue Ausrichtung des Menschen, indem sie alten Richtlinien folgen. Auch hat der Mensch mitunter den Kontakt zu den natürlichen und ausgleichenden Energien von Mutter Erde verloren oder durch die Hektik des Alltags die Verbindung zur göttlichen Welt verschüttet. Dann kann er nicht von lichtvollen Kräften getragen und geführt werden, und die Körperebene versucht, diesen Verlust durch das Bemühen auszugleichen, sich die fehlenden Energien aus der Nahrung zu holen, was zu übermäßigem Genuss oder sogar zu Suchtverhalten führen kann.

Nachstehend werden zuerst die Hintergründe dieses Geschehens beleuchtet, um über das Verstehen ein neues Bewusstsein zu aktivieren. Im weiteren Verlauf wird eine veränderte innere Einstellung aufgezeigt, die auf eine höhere Wirklichkeit ausgerichtet ist. Mit den entsprechenden Meditationen kann so eine Auflösung von alten Blockaden und schädlichen Anhaftungen eingeleitet werden. Durch das Gebet kann die Verbindung in die höheren Welten gestärkt werden, und eine aktive Mithilfe der geistigen Welt zur Lösung von Gewichtsproblemen wird möglich. Auch wenn nachstehend von „Gott" oder „Gebeten" die Rede ist, wird in diesem Buch die Suche nach einer übergeordneten und höheren Vollkommenheit völlig frei von jeglicher Religion und Konfession betrachtet. *Jeder* Mensch kann sich im Gebet an die höchste göttliche Kraft und an die vollkommene Liebe wenden, unabhängig davon, welchen Namen er ihr gibt oder welcher Kultur beziehungsweise Religion er angehört.

Es wird im Folgenden deutlich werden, dass Gebete nicht einfach dahingesprochene Worte sind, die man an eine göttliche Wesenheit oder Energie richtet, die dann möglichst schnell das Gewünschte für den Menschen erledigt, woraufhin dieser dann problemlos so weiterleben kann wie bisher. Das Gegenteil ist richtig. Um mit der Kraft des Gebetes arbeiten zu können, ist es erforderlich, bei sich selbst zu beginnen. Nicht nur der Eigenwille sollte der Antrieb des Menschen sein, sondern die innere Nähe zu seiner geistigen Führung. Ein liebevolles Bemühen und ernsthaftes Suchen sind der Weg. Bestehen noch kollektive oder individuelle uralte Blockaden, dann nützt ein starker Eigenwille nur wenig. Für das Durchsetzen ausschließlich eigenwilliger Vorstellungen wird sehr viel persönliche Energie benötigt, die wiederum zu Verhärtungen führen kann, was den Menschen in seinem persönlichen Energiefeld eher schwächen wird. Schließt er sich jedoch höheren Kräften an und handelt in Harmonie mit den geistigen Gesetzmäßigkeiten, fließt dem Menschen aus den höheren Ebenen Energie zu.

Wirklich frei wird der Mensch erst dann, wenn er versteht, warum etwas geschieht. Warum kann er nicht abnehmen? Erst wenn die wahre Ursache behoben ist, kann er mit einer gesunden Ernährung und mehr Bewegung alles erreichen, was er sich wünscht. Es ist wichtig, offen zu sein für Veränderungen. Es gilt, bereit zu sein, auch alte Gedankenmuster oder Verhaltensweisen loszulassen, stets in der persönlichen Erkenntnis, die Wahrheit in sich zu fühlen. Nichts sollte von außen übernommen werden, was nicht selbst als Wahrheit im Inneren erkannt wurde.

Auch eine mögliche „Schuld“ sollte nicht im Äußeren oder bei anderen gesucht werden. Es gibt Lernerfahrungen, Aufgaben aus der geistigen Welt sowie die Pflicht, alte Energien und Blockaden abzutragen. Doch sollte dies nie als Strafe Gottes oder als Willkür des Schicksals angesehen werden, sondern immer nur als Möglichkeit, um zu lernen und voranzuschreiten; selbst dann, wenn die Hürde, die es zu überwinden gilt, manchmal unangenehm oder schmerzlich ist. Nehmen Sie keine Opferrolle ein – Sie sind jederzeit selbst in der Lage, Ihr Leben zu ändern. Auch wenn Sie vielleicht schon oft gescheitert sind, geben Sie dennoch nicht auf, sondern machen Sie sich bewusst, dass Sie selbst ihres Glückes Schmied sein können. Ersparen Sie sich Selbstmitleid und nehmen Sie keine Opferrolle ein. Alles, was geschieht, hat seine tieferen Gründe, und solange diese nicht erkannt oder aufgelöst wurden, kann sich eine Situation nicht verbessern. Würden sich äußere Umstände ändern, ohne die wahrhafte geistige Lösung, wäre eine wahrhafte Befreiung nicht möglich – und der Mensch müsste das unverarbeitete Problem immer weiter mit sich schleppen.

Es nützt auch nichts, wenn man sich einredet, dass man abnehmen will, ohne zu erkennen, dass die Gewichtszunahme vielleicht ein Hinweis dafür ist, dass man möglicherweise in einem frühren Leben in einer Gefangenschaft an Unterernährung gestorben ist. Diesen tiefen Schock hat der/die Betroffene vielleicht noch nicht überwunden. Es gibt Fälle, bei denen der Mensch den Schwur noch in sich trägt: „Wenn ich aus dieser Gefangenschaft freikomme, lasse ich es mir nur noch gut gehen und esse alles, was ich kriegen kann." Dann kann die Gewichtszunahme aufzeigen, dass hier geistig etwas nicht stimmt. Würde man die Ursache, also den Schock aus einem Leben in Gefangenschaft, einfach überdecken, verschenkte man die Chance der Auflösung im Hier und Jetzt. Dann müsste der Betroffene es in der geistigen Ebene weiter mit sich tragen. Der Einsatz von Suggestionen, ohne die Erkenntnis der Ursache eines Problems, ist wie das Anziehen von weißen Handschuhen, ohne die schmutzigen Hände darunter zu waschen. Der Schmutz bleibt erhalten. Deshalb gilt es, eine Chance zur Veränderung zu erkennen, tätig zu werden und mit Liebe und Geduld eine Auflösung herbeizuführen.

Die göttliche Welt wünscht allen Menschen nur das Beste. Manchmal ist es jedoch notwendig, Altes zu erkennen, zu verarbeiten und neue Wege zu beschreiten, selbst wenn sie schmerzvoll sind. Ist der Mensch bereit, diese Aufgabe anzunehmen, stehen ihm alle Hilfen zur Verfügung, und alle Türen nach innen sind offen. Wenn ein Mensch fähig ist, die Gaben Gottes zu schätzen und zu ehren und nicht mehr Gefahr läuft, in Überheblichkeit oder Undankbarkeit zu fallen, wird ihm alles geschenkt, was er benötigt.

Jeder Mensch kann sicher sein, dass ein aufrichtiges Streben nach höheren Idealen sofort von der „anderen Seite" beantwortet wird. Der Mensch ist eins mit dieser lichtvollen Kraft. Er ist ein Teil von ihr, und die Verbindung und der Kontakt sind nie wirklich abgebrochen. Ein Mensch mag sich von Gott entfernt haben, doch jeder Schritt zurück in seine geistige Heimat wird getragen von Liebe und Kraft, die ihm von der geistigen Welt zufließt und ihn wieder enger mit ihr verbindet.

Mitunter mögen die aktuellen Krisen-Situationen sehr schwierig erscheinen. Sie gleichen Gebirgsketten, deren Überwindung nur mit größter Mühe zu bewältigen ist. Trotz des Wissens, dass der

Mensch nur solche Situationen von der geistigen Welt oder von seinem eigenen höheren Selbst gestellt bekommt, die er auch zu bewältigen vermag, ist es mitunter eine schwere Arbeit und ein teilweise mühevolles Bewältigen der gestellten Aufgaben. Hinzu kommt, dass die Lebenssituationen auf dem Planeten Erde sich zuzuspitzen scheinen; und in dieser Schwellen-Situation tragen viele Menschen individuelle *und* kollektive Lasten.

Dennoch hält jeder Mensch sein Schicksal in den eigenen Händen. Manche äußeren Umstände lassen sich zwar vielleicht nicht sofort verändern, doch kann man mit der Gewissheit, von der Liebe Gottes getragen zu werden, viele Hürden mit mehr Mut oder Gelassenheit überwinden und voranschreiten.

Hierzu mag man das wunderbare Gebet von Christoph Friedrich Oetinger sprechen:

Gott, gib mir die Gelassenheit,
Dinge hinzunehmen, die ich nicht ändern kann.
Gott, gib mir den Mut,
Dinge zu ändern, die ich ändern kann.
Gott, gib mir die Weisheit,
das eine vom anderen zu unterscheiden.

II. DAS BEWUSSTSEIN WEIST DEN WEG

Auch wenn die Auswirkung einer Gewichtszunahme natürlich als persönliches Problem in Erscheinung tritt, kann es dennoch auch kollektive Ursachen haben. Die veränderte, teilweise unnatürliche, bewegungsärmere Lebensweise der westlichen Welt ist selbstverständlich Bestandteil der Gesamtproblematik, doch gilt es vor allem, die ungesunde energetische Abtrennung von den ätherischen Energien unseres Mutterplaneten zu erkennen. Der Mensch leidet teilweise unter dem fehlenden Kontakt zum Wesen der Elemente. Das löst in ihm ein inneres Gefühl der Schutzlosigkeit und des Verlorenseins aus. Die überall existierenden, unglaublich vielfältigen Schwingungsfelder der modernen Technik durchdringen den Menschen auf fast allen Gegenden dieser Erde. Doch der physische Körper ist an die Existenz und die rasante Veränderung dieser unnatürlichen Schwingungsfelder noch nicht angepasst. Diese Felder durchdringen täglich die feinstofflichen Schichten des Menschen, und der Einsatz an Energie, der erforderlich ist, um diese Störfelder auszugleichen, ist erheblich. Nicht nur die verschiedenen technischen Wellen belasten den Menschen, sondern auch sehr lieblose geistige Schwingungsfelder überziehen den Planeten. Sie wirken sich manchmal noch schlimmer aus als die Felder der Technik.

Die europäischen und amerikanischen Gesellschaften werden noch immer in erheblichem Maße mit materialistischem Denken gefüttert, während das Bewusstsein für die Geistige Welt, für Engelwesen oder die vollkommene Liebe, Gott genannt, nach wie vor verdrängt wird. Der Mensch ist geprägt von wissenschaftlichen Vorgaben, von den Einflüsterungen der Medien und soll sich an die Diktatur vorgegebener Zahlenwerte oder Messungen halten. Große Gedankenfelder, die ganze Kontinente überziehen, versuchen, gemäß ihrer Prägung, ihre Inhalte auf das Bewusstsein der Menschen zu übertragen. Felder wie „Schlankheitswahn“ oder Modetrends, konkrete Vorstellungen, wann ein Mensch schön ist und wann nicht, versuchen, das Gedankengut der Gesellschaft zu dominieren, und kaum ein Mensch kann sich diesen Einflüssen entziehen. Doch das Bewusstsein für die tieferen Hintergründe des Lebens lässt diese kollektiven Bilder mit der Zeit als Illusion erscheinen, und der Mensch kann erkennen, dass er nur seinem Inneren verpflichtet ist, seiner höheren Führung, und keinen von Menschen aufgebauten Machtbildern. Diese Ablösung bedeutet Freiheit des Geistes, und der Weg zu innerer Harmonie kann beginnen.

Auch wird ein weiteres Phänomen immer deutlicher, welches mit der Veränderung der globalen Schwingung zusammenhängt. Diese Veränderung ist bereits Teil einer neuen Erde, Teil einer neuen Schwingung, die sich unaufhaltsam, intensiv, aber liebevoll als neue Energie dieser Erde zeigt. Der Einstrom von lichtvoller Energie auf diese Erde nimmt zu, und die ersten Veränderungen setzen bereits ein. Die Körper werden stärker von feinstofflicher Energie durchlichtet und benötigen im weiteren Verlauf immer weniger grobe Materie als Nahrung. Noch sind diese Zeichen erst im Ansatz vorhanden, doch sind sie bereits spürbar. Das genetische Material benötigt jedoch lange Zeiträume für eine Veränderung, und die Erkenntnis für die tatsächlich benötigte, verringerte Nahrungsmenge hat sich noch nicht durchgesetzt.

Ebenso wird die Menschheit an die Aufgabe herangeführt, die alten kollektiven Felder der Nahrungsproblematik aus Jahrtausenden aufzulösen, die sich als gewaltige feinstoffliche Felder in den jeweiligen Kulturen und Kontinenten befinden. Bewusstseinsstrukturen, die sich über Jahrtausende gebildet haben, Umgangsformen, die eng mit der Nahrungsaufnahme verbunden sind, beherrschen immer noch das Unterbewusstsein. Viele Menschen sind innerlich an dieser Verarbeitung beteiligt, was auch der Grund dafür ist, dass sie gerade in dieser Zeit mit ihrem Gewicht Probleme haben. Manche Menschen tragen an der Not und dem Hunger aus den Kriegszeiten mit, entweder persönlich oder im kollektiven Feld, und können nichts übrig lassen. Es erscheint ihnen wie Frevel oder Missachtung von überlebensnotwendiger Nahrungsaufnahme, wenn sie das Essen, das noch in der Pfanne übrig geblieben oder am Mittagstisch der Familie nicht aufgegessen worden ist, wegwerfen sollten. Im übertragenen Sinne ist die Achtung jedes Lebensmittels eine wichtige innere Einstellung; doch in diesem Fall ist die Grundlage eine negative Erfahrung, die verarbeitet werden sollte.

Bei der Betrachtung der Natur wird deutlich, dass beispielsweise Bäume und Beerensträucher, deren Obst und Früchte nicht geerntet oder genutzt worden sind, diese nicht benötigten oder geernteten Früchte als Kompost wieder Mutter Erde übergeben. Die Gaben der Natur werden somit zurückgegeben, wenn sie nicht mehr gebraucht werden. Kann der Mensch diesen Vorgang nicht auch auf seine Nahrungsaufnahme beziehen? Fühlt er in Harmonie mit seiner Körperintelligenz, dass er gesättigt ist, muss das Übriggebliebene nicht auch mit dem Verdauungsapparat durchgearbeitet werden, sondern kann als „Rohware“ oder „Rest“ dem Kompost und somit den Energien der Natur übergeben werden, sofern sie nicht für eine spätere Mahlzeit aufgehoben werden können. Geschieht dies mit Dankbarkeit und Liebe, gehen keine Energien verloren, und es entsteht keine Missachtung der Natur.

Es existieren globale energetische Bindungen, die im weiteren Verlauf des Buches noch genauer beschrieben werden sollen. Diese Verknüpfungen sind in fast jedem Menschen vorhanden, und es ist sinnvoll, diese alten Anhaftungen sorgfältig durchzuarbeiten.

Gleiches gilt für die ganz persönlichen Prägungen, wie sich nachstehend noch genauer zeigen wird.

Es gibt in unserer jetzigen Umwelt leider immer mehr äußere Umstände, Tendenzen und Gegebenheiten, die es dem Menschen erschweren, ein einigermaßen natürliches Leben zu leben.

Musste der Mensch in früherer Zeit noch körperlich hart arbeiten, um seinen Lebensunterhalt zu verdienen, so ist dies heute in immer mehr sitzende Tätigkeiten übergegangen. Doch der Organismus ist darauf noch nicht annähernd eingestellt. Über Jahrtausende bestand die Information für das genetische Material stets darin, dass der Körper viel bewegt werden musste, bei der Jagd, auf der Flucht oder beim Ackerbau. Diese Informationen sind übergeordnet in ihm vorhanden, und die Stoffwechselvorgänge sind darauf ausgerichtet. Verringert sich die Bewegung in solch drastischer Form wie in unserer heutigen Gesellschaft, staut sich die aufgenommene, aber nicht verwertete Energie. Der Körper sammelt Fettreserven an für schlechtere Tage – und die Schlackenstoffe werden nicht mehr genügend abtransportiert. Es entstehen Schadstoffe, die sich auch als Trägheit äußern. Für die evolutionäre körperliche Entwicklung von Jahrmillionen sind die letzten Jahrzehnte, in denen sich die Welt so grundlegend verändert hat, nicht einmal ein Wimpernschlag. Würde die geistige Welt dem Menschen in dieser Zeit nicht mit großer Liebe, viel Einsatz und Engagement zur Seite stehen, würde er es kaum schaffen können. Es ist ein Segen und eine Gnade, für welche die Menschheit sehr dankbar sein kann.

Ein weiterer wichtiger Punkt in diesem Zusammenhang ist das Wissen, dass alles Leben Bewegung bedeutet. Wo keine Bewegung mehr vorhanden ist, staut sich Energie. Es sammeln sich Schlacken – und Stagnation entsteht. Dies betrifft nicht nur den materiellen Bereich, sondern auch die nahen feinstofflichen Ebenen. Wasser zeigt uns deutlich, was geschieht, wenn es in einem Tümpel bewegungslos festsitzt. Es entsteht Fäulnis, der Tümpel „kippt“ um, und das Leben entweicht. Innerhalb von Bewegungslosigkeit ist keine natürliche Reinigung und kein Abbau von Schad- und Schlackenstoffen mehr möglich. Bewegungslosigkeit löst gleichzeitig die Verbindung in die geistigen Ebenen auf, und sobald das Leben von hier aus nicht mehr getragen und versorgt werden kann, stirbt es ab. Das Gleiche gilt auch für unseren Körper. Je bewegungsloser, desto schwerer und dichter wird er, und umso mehr löst sich die Versorgung aus den energetischen, geistigen Ebenen. Immer mehr Verbindungsfasern in die Ätherebenen von Mutter Erde reißen.

Gleichzeitig setzt im Körper ein immer stärkeres Bedürfnis nach höherer, den Menschen tragender Energie ein, was in den meisten Fällen als Hunger nach Nahrung interpretiert wird. Der „Teufelskreis“ ist aktiviert. Immer mehr versorgende Fasern in die feinstofflichen Ebenen reißen ab, der Körper verdichtet sich zusehends und zieht sogar unangenehme Energiemassen aus der Umgebung an. Das ermöglicht es manchen niederen Energien, einzudringen und immer mehr Einfluss auf den Menschen zu gewinnen. Auch persönliche Emotionen, wie Wut, Ablehnung, Eifersucht, Überdruss, Angst oder Schmerzen, ergeben in ihrer Auflösung feinstoffliche Schlackenstoffe, die ebenfalls abgebaut werden müssen. Hier helfen die körperliche Verdauung, die Blutreinigung sowie das Lymphsystem in besonderer Weise mit. Erfolgt kein Abbau emotionaler Restenergien, können sie sich verdichten und in verschiedenen Organen und Systemen festsetzen.

Der Volksmund wusste dies schon lange, denn Aussagen wie: „Das geht mir zu Herzen“, „Mir zieht es den Magen zusammen“, „Das steht mir bis zum Hals“ , „Das hängt an mir wie ein Klotz,“ belegen das eindeutig. Derartige Erfahrungsaussagen machen deutlich, dass man ahnte, wie sich Emotionen am Körper festsetzen können und auch an welchen Bereichen. Deshalb ist Bewegung für den menschlichen Körper sehr wichtig, und es sollte stets ein Ausgleich für den aktuellen Bewegungsmangel geschaffen werden. In der Therapie von Depressionen wird verstärkt auf eine ausgewogene Bewegung gesetzt, da sich durch die Bewegung das emotionale System ausgleicht, Schwermut erleichtert wird und Glückshormone ausgeschüttet werden können. Außerdem verbrauchen Muskelzellen auch im Ruhezustand wesentlich mehr Energie als Fettzellen, was für die Gewichtsreduktion von großem Vorteil ist.

Es kann auch helfen, sich vorzustellen, dass in den inneren Ebenen der komplette Körper noch einmal vorhanden ist. Man spricht vom Astral- oder Gefühlskörper, dessen Energiefeld im materiellen Leib verankert ist. Zwischen dem Körper und dem Emotionalbereich existiert zwar noch ein weiteres Energiefeld – der Ätherkörper –, doch dieser ist eng mit dem Körper verbunden und wird nicht als eigenständiger Energiekörper bezeichnet.

Im Astral- oder Emotionalkörper sind alle Empfindungen vorhanden. Er ist eng mit den höheren geistigen Ebenen verbunden und wird von dort mit Energie gespeist und versorgt. Von ihm sind auch die Impulse ausgegangen, die einst den Körper im Mutterleib formten. Nach seinem körperlichen Ableben bewegt sich der Mensch noch einige Zeit in diesem Astralkörper weiter, ehe auch dieser aufgelöst wird und der Mensch sich in noch feinere Ebenen erhebt. Bei einem Kontakt mit einem frisch „Verstorbenen" zeigt sich dieser meist in wunderschöner Gestalt, ohne irgendwelche Mäkel oder Gebrechen. Hier existiert kein Übergewicht, kein fehlendes Körperglied oder irgendwelche Form der Missbildung. Der Mensch formt sich in gewisser Weise auch diesen Leib selbst, da sich die Gedanken und Gefühle hier sofort realisieren und die Seele in ihren höheren Formen normalerweise vollkommen gesund ist.

Eine uralte Heilmethode, die nur von sehr wenigen Menschen beherrscht wurde, verstand sich darauf, etwa einen gebrochenen

Arm innerhalb von Sekunden in diese höhere Ebene zu transformieren und dort mit der Vollkommenheit des Geistes zu vereinen. Nach der Rück-Verdichtung in die körperliche Ebene war dieser wieder vollständig und ohne Verletzung. Was für eine vollkommene Art des Heilens!

Auch die Menschheit der Gegenwart wird allmählich in der Lage sein, durch eine stärkere Verbindung in die geistigen Ebenen deren Vollendung schrittweise auf die materielle Ebene zu transformieren. Je geklärter und reiner das persönliche menschliche Feld ist, umso leichter fällt dies. Der Mensch ist in der Lage, mittels der Kraft der Gedanken, auch in der dichten, materiellen Welt viel mehr zu erreichen, als er sich bisher vorstellen konnte. Zur Zeit nimmt das magnetische Schwingungsfeld der Erde durch die globale Veränderung immer mehr ab, was es den Gedankenschwingungen leichter macht, sich schneller als bisher zu materialisieren. Dies hat in besonderem Maße mit der planetarischen Umstellung in eine höhere Schwingung zu tun. Das mag sich verwirrend anhören, da man im Hinblick auf die Welt glauben könnte, alles bewege sich zum Schlechteren – doch in der Tiefe ist genau das Gegenteil der Fall. Dunkle Wesen und Energien oder alte Strukturen, wie Herrschsucht und Arroganz, dürfen sich noch einmal aufbäumen, im Wissen, dass sie schon sehr bald weichen müssen. Uralte Felder müssen „ans Licht", damit sie bearbeitet werden können. Tatsächlich wirkt die vollkommene Liebe auf immer mehr Bereiche des Planeten ein. Überall auf der Erde kann man erleben, dass Menschen geistige Zusammenhänge erkennen und sich immer mehr der Liebe, dem Mitgefühl und der Nächstenliebe widmen. So kann auch der einzelne Mensch, im Streben hin zu höheren Energien, seine innere Gesundheit in Harmonie mit den schöpferischen Kräften immer mehr verwirklichen. Selbst uralte Muster werden bald nicht mehr in der Lage sein, den planetarischen Transformationsprozess zu behindern.

Diese uralten kulturellen Gedankenmuster sind teilweise ins Unterbewusstsein eingegangen. Schon in der Kindheit nimmt der Mensch Impulse in sein Inneres auf, die dann als „Wahrheit" in sein Unterbewusstsein Einzug halten. Von dort aus versuchen sie, ihre Vorstellung ständig auf den Menschen zu übertragen, im guten Glauben, dass dies notwendig ist, obwohl die bewusste Wahrnehmung des Menschen schon lange erkannt hat, dass gewisse Strukturen überholt und unwahr sind. So kann es leicht geschehen, dass das Unterbewusstsein, mit seinen eingeprägten Programmen, im krassen Gegensatz zur bewussten Wahrnehmung des Menschen arbeitet. Doch auch solche Verwirrungen lassen sich verändern, indem man das Grundmuster erkennt und daran arbeitet. „Wer ständig strebend sich bemüht, den können wir erlösen", ließ schon Goethe die himmlischen Mächte sprechen.

Mitunter müssen auch eigene Vorstellungen, die der Mensch in diesem oder in einem früheren Leben als wahr empfunden hat, umprogrammiert werden. Manchmal haben sich auch fremde Energien ausgebreitet und versuchen, den Menschen zu beeinflussen. Das Suchtverhalten spielt bei der Nahrungsaufnahme mitunter eine größere Rolle als angenommen, und so manche alte Suchtgeister festigen ihren Anspruch dadurch, indem sie diese Sucht als legal darstellen: Essen muss man ja schließlich.

Äußere Einflusse aus unserer Umwelt üben ebenfalls eine große Wirkung auf diese inneren Prozesse aus. So kann sich niemand mehr den überall auf dem Planeten ausgebreiteten Pestiziden und Schadstoffen entziehen. Auch im erdnahen Feld ist alles in Bewegung, und die Stoffe werden überall hingetragen, nicht nur durch Wind und Regen, sondern auch durch Resonanzen im Schwingungsfeld allen Lebens. Mensch, Tier und Pflanze sind unweigerlich davon betroffen. Diese Verschmutzungen sind nicht nur auf der materiellen Ebene vorhanden, sie existieren ebenso in den emotionalen und mentalen Ebenen.

Auch die genetische Veränderung von Pflanzen und Tieren zeitigt unweigerlich Einfluss auf alles Leben. Auf energetischer Ebene ist alles miteinander verbunden. Im Menschen ist auch die energetische Grundlage aller Tiere, Pflanzen und Mineralien verkörpert. Wird im Äußeren etwas verändert, ist automatisch auch das Innere betroffen. Die Verbindungen in die geistigen Ebenen, die sich über Jahrtausende entwickelt und aufgebaut haben, werden durch zahlreiche Veränderungen in der Neuzeit unterbrochen und gestört. Der Körper des Menschen, mit seinen vielfältigen Schwingungen, hat sich diesen Veränderung noch nicht angepasst. Die Auswirkungen können noch nicht einmal im Ansatz überblickt werden.

Somit sorgt nicht nur eine denaturierte Lebensweise für eine Trennung vom Ur-Kern allen Lebens, sondern auch der sogenannte Fortschritt, der doch meist nur auf Umsatz oder Macht ausgerichtet ist. Eine Vielzahl von Schwingungen durchdringt täglich alles Leben auf der Erdoberfläche, denken wir nur an Handy, Elektrogeräte, Fernsehen oder Radio, ganz abgesehen von all den anderen Wellen und Schwingungsfrequenzen, die von Forschern und Regierungsstellen eingesetzt werden. Fortschritt und auch Technik könnten im liebevollen Umgang und in Harmonie mit den geistigen und den natürlichen Gesetzen für den Menschen eine wunderbare Erleichterung darstellen, doch sieht die Realität zur Zeit ganz anders aus. Anstatt eine lebensfreundliche Technik zu fördern, stehen Profitdenken und kurzsichtiges Rentabilitätsstreben an vorderster Stelle.

Dieses Buch ist nicht als Diät-Buch gedacht. Es wird keine spezielle Diät favorisiert oder irgendwelche Fastenkuren, sondern es geht um eine Harmonisierung der Lebensweise und der Lebensenergien in Verbindung mit der Ablösung alter persönlicher und kollektiver Muster. Es gibt viele verschiedene Ernährungswege, und jeder Mensch sollte seine ganz persönliche Art finden. Eine stärkere Ausrichtung auf die geistigen Grundlagen der Gesundheit und eine ausgewogene Lebensweise mit gesunder Kost, frischer Luft, Sonne und Bewegung können zur Basis für eine Rückkehr zu mehr Harmonie mit dem eigenen Körper werden. Der Kontakt zur eigenen Intuition wird wiederhergestellt, was dem Menschen auch zu mehr Nähe im Hinblick auf die geistigen Ebenen führen kann. Dazu werden uralte Muster im Unterbewusstsein aufgelöst, fremde Energien als solche erkannt und abgewiesen und die Nähe zur geistigen Führung und den Schutzengeln aufgebaut. Eine Veränderung bisheriger Einstellungen für ein neues Bewusstsein ist das Ziel. Dann wird „leicht Sein" eine Freude.

Viele Menschen haben das Verständnis für die natürliche Grundordnung ihres Körpers verloren. Manchmal ist die Seele nicht vollständig mit dem Körper vereint, oder Teilbereiche haben sich aus ihm entfernt. Viele Menschen fühlen nicht mehr, was ihr Körper benötigt und was nicht. Normalerweise ist der Mensch in der Lage, genau zu fühlen, was dem Körper fehlt und was nicht. Die Harmonie auf der Schwingungsebene ist vorhanden, und der Körper holt sich nur das, was ihm Nutzen bringt. Kein Suchtverhalten ist vorhanden, welches Lieblosigkeit, Schmerz, Missachtung oder Minderwertigkeitsgefühle durch das Bedürfnis nach Nahrung auszugleichen versucht. Genuss ist nicht in Fressgier übergegangen, und die Sehnsucht nach Gott wird nicht auf der Ebene der Nahrungsaufnahme zu stillen versucht.

Der Mensch befindet sich gegenwärtig auch in einer Veränderung seiner Sinne. War sein feineres Wahrnehmungsvermögen noch kollektiv durch die dichtere Energie um den Planeten blockiert, so wird sie sich in der kommenden Zeit immer mehr öffnen. Jeder Mensch, der wahrhaft nach dem Höheren sucht, wird von einer Energie berührt, die sein Herz durchlichtet und seinen Körper transformiert. Dazu gehört die Veränderung der geistigen Wahrnehmung. Da der Mensch jedoch in den meisten Fällen noch nicht gelernt hat damit umzugehen und auch die Umwelt oder Erziehung selten darauf eingegangen sind, werden die Sinne des Menschen zuerst einmal verwirrt. Er kann nur schwer zwischen dem Empfinden der eigenen Emotionen und der Aufnahme fremder Gefühle unterscheiden. Dann muss er mit Gefühlen umgehen, die vielleicht mit ihm gar nichts zu tun haben. Die verängstigten, noch unsicheren Bereiche im Menschen fühlen sich überfordert und stürzen sich nicht selten in Esssucht, um sich etwas zu gönnen, sich darin sicher zu fühlen oder sich über die Nahrungsmittel wieder mit den vertrauten Energien von Mutter Erde zu verbinden.

Mitunter steckt der Mensch auch in Lebenssituationen fest, aus denen er kein Entkommen sieht und die ihn bis in seine Grundmauern erschüttern. Dieser Frust, die innere Abwehr oder die Ablehnung wird oftmals mit Essgenuss kompensiert, doch kann dies natürlich keine Lösung sein. Hier wird deutlich, dass ein verzerrtes Essverhalten, auch mit verzerrten Lebenssituationen zu tun haben kann. Es wird klar, dass die Nahrungsaufnahme nicht nur mit der Versorgung des Körpers zu tun hat, sondern weit größere Kreise zieht. Es geht um die Lebenseinstellung und nicht selten um Probleme, die tief in der menschlichen Natur verwurzelt sind.

III. GESUNDES ESSVERHALTEN

Die Nahrungsaufnahme sollte stets mit Dankbarkeit verbunden sein. Dankbarkeit gegenüber Gott und dem Lebensmittel, welches uns am Leben erhält. So ist gegen den Genuss von Nahrung überhaupt nichts einzuwenden, sondern er ist sogar förderlich, wenn er sich in einem natürlichen Rahmen befindet. Es ist die normalste Sache der Welt, wenn der Mensch anlässlich einer Feier festlich isst und sich etwas ganz Besonderes gönnt. In Dankbarkeit und Freude angenommen, wird diese Freude auch auf das genossene Lebensmittel übertragen, womit sich dessen Schwingung erhöht. Im folgenden Alltag und in Achtung der Bedürfnisse des Körpers kann man dann am nächsten Tag eine Mahlzeit sehr dürftig ausfallen lassen oder etwas mehr Sport treiben, um das erforderliche Energieniveau schnell wiederherzustellen.

Eine engere Verbindung zur geistigen Welt aufzubauen, in Harmonie mit der Eigenintelligenz des Körpers, bedeutet vor allem auch, seinen natürlichen Bedürfnissen nachzukommen. Das bedeutet *keinen Mangel*. Sehr oft wird die Intelligenz des Körpers schwer unterschätzt oder gar missachtet. Die Wissenschaft kann heute sehr genau nachweisen, dass die Körperzellen miteinander in Kommunikation stehen. Diese Körperintelligenz hat im gegenwärtigen energetischen Wandel der Erde an Kraft zugenommen.

Anlässlich der immer stärker werdenden Durchlichtung der Materie wird auch der Körper immer mehr durchlichtet und auf die kommenden stärkeren Schwingungen vorbereitet. Daher kommt es vor, dass er in gewissen Phasen keine Fastenkuren mehr zulässt, da dies den Körper in seiner aktuellen Veränderung zu sehr schwächen würde. Manche Menschen würden gerne fasten, so wie sie es gewohnt waren, doch es geht nicht mehr. Dann sollten sie sich bewusst machen, dass sie wahrscheinlich in positiver Weise am energetischen Wandel beteiligt sind. Der Körper kann dann eine Fastenkur in dieser Zeit einfach nicht verkraften. Wird sie dennoch mit starkem Eigenwillen erzwungen, kann sich ein Schock auf der Zellebene einstellen; und danach verlangt der Körper nur noch stärker nach Nahrung, da er sich vermeintlich in existenzieller Überlebensnot befindet. In der Tiefe nimmt der Körper die Informationen des Eigenwillens nicht wahr, da sie nicht in Harmonie mit seiner geistigen Führung schwingen und gegen seine aktuellen Bedürfnisse gerichtet sind. Eigenwillige Gedankenschwingungen dringen nicht in die Schichten des Unterbewusstseins. Wenn sich ein Mensch in einer solchen Wandlungsphase befindet, sollte er unbedingt auf die Impulse seines Körpers achten, um nicht inneren Schaden anzurichten.

Auch bei bestimmten Kuren oder Prozessen, in denen dauerhaft auf Nahrung und manchmal sogar auch auf Wasser verzichtet wird, kann sich ein solcher Körperschock massiv im Zellbewusstsein verankern. Dann entsteht dauernde Überlebensangst, die den Menschen danach zu ständiger Nahrungsaufnahme zwingt sowie fortwährend unangenehme Gefühle der Angst und des Verhungerns aufkommen lässt. Das Gefühl des Vertrauens wird dadurch schwer gestört, und der Körper lässt sich nicht mehr so leicht auf die Vorgaben des Menschen ein. Die entstandene Disharmonie ist erheblich.

Genauso kann sich die Energie des Körpers im Schock zusammenziehen, wenn man ihm zu intensive und zu einseitige Diäten zumutet. Wenn man mit starkem Eigenwillen den Körper in eine Zwangskur drängt, zu der er aufgrund irgendwelcher Blockaden nicht fähig ist, kann er mit Rückzug und Schock reagieren und jegliche Kommunikation verweigern. Sobald die sogenannte Kur dann beendet ist, reagiert der Körper mit Überlebensangst und verlangt in noch verstärkterem Maße nach Nahrung. Dann fällt es immer schwerer, wieder eine natürliche Ordnung herzustellen, und man ist manchmal geneigt aufzugeben, da jede Diät nur zu noch mehr Übergewicht führt.

Auch sollte man sich klarmachen, dass ein Körper, wenn er eine bestimmte Zeit an eine verringerte Kalorienzufuhr gewöhnt wurde, diesen verringerten Bedarf am Ende der Kur nicht sofort verändern wird. Viele glauben, dass nach einer Diät schnell wieder normal weitergegessen werden kann, doch das ist ein großer Irrtum. Bis zu sechs Wochen benötigt der Körper, ehe er die verringerte Energiezufuhr wieder ausgeglichen hat. Isst man dann wie vorher, wird jede überflüssige Kalorie sofort als Fettpolster angesetzt, da es keinen Bedarf gibt und somit ein Überschuss besteht. Auch dieser Vorgang ist ein Teil des sogenannten Jo-Jo-Effektes.

Für die Körperebene ist die derzeitige Schwingungserhöhung eine neuartige Veränderung, die manchmal Existenzängste auf der Zellebene auslösen kann. Dann versuchen solche ängstlichen Zellen, sich mit Nahrung zu erden, da ihnen die neuen Energien noch zu unsicher erscheinen. Doch auch hier kann das Gebet, welches in Harmonie mit den höheren Ebenen schwingt, diese Zellen berühren und ihnen Vertrauen und Mut zufließen lassen. Mindestens vier Wochen lang täglich ein Gebet mit der Kraft des Herzens zu sprechen, verankert dies in den Tiefen des Unterbewusstseins, von wo aus es Veränderung bewirken kann.

Es ist sehr wichtig, dass der Körper ausreichend mit Vitaminen und Mineralstoffen versorgt wird, denn es werden auch energetische Schlacken ausgeschieden, die nur mit den notwendigen Mineralstoffen gebunden abtransportiert werden können, was man sich auch bei der Entsäuerung zunutze macht.

Sobald die natürliche Harmonie von Bedarf und Notwendigkeit wiederhergestellt wird, setzt auch der innere Empfang erneut ein, der dem Menschen klar und deutlich zeigt, was und wie viel Nahrung der Körper tatsächlich benötigt. Wurde einem Kind immer wieder gesagt, der Teller sei leer zu essen, ohne dass es aufhören durfte, als das Sättigungsgefühl eingesetzt hatte, kann dies zu langanhaltenden Störungen im Essverhalten führen. Es verlernte, natürlich mit dem Körper zu kommunizieren, und der harmonische Austausch an Informationen wurde verbarrikadiert. Hier muss eine Neuprogrammierung einsetzen, damit das „innere Gespräch" wieder erlernt werden kann.

Durch die gegenwärtige globale Erhöhung des Schwingungsfeldes setzt ein weiteres wichtiges Phänomen auf der Erde ein. Die Veränderung der Schwingung erlaubt es dem Körper immer mehr, feinstoffliche Energie von außen aufzunehmen, die als persönliche Vitalität umgesetzt werden kann, weshalb sich die Energieaufnahme aus der Nahrung verringern lässt. Das bedeutet nicht, dass der Mensch aufhören kann zu essen, so weit sind wir global betrachtet noch nicht, dennoch ist eine Umgestaltung deutlich erkennbar. Dies bedeutet ganz allgemein, dass der Mensch weniger Nahrung aufnehmen muss als früher. Doch der Körper ist noch träge und hat es schwer, sich auf der Materieebene zu verändern. Die Gewohnheitsmuster prägen das individuelle Maß des Nahrungsbedarfes noch nach den alten Kriterien, denn diese haben sich bisher nicht verändert.

Die Gewohnheiten des Menschen spielen eine große Rolle, und die in früheren Zeiten benötigte Nahrungsmenge hat sich tief in das Unterbewusstsein eingegraben. Für manchen Menschen ist ein Frühstück, wie es teilweise proklamiert wird: „Du sollst frühstücken wie ein Kaiser ...!" nicht das Richtige. Nimmt er zu viel als Frühstück zu sich, fühlt er sich den ganzen Tag über schwer und übersättigt. Viele Menschen haben teilweise bereits eine Ahnung, dass sie nicht mehr so viel benötigen, wie es im Kopf als Programm noch gespeichert ist. Dennoch glaubt man, sich nicht richtig zu versorgen, wenn man dem alten Programm nicht nachkommt. Hier muss ein Umprogrammieren einsetzen, damit die Menge an Nahrung nicht von unterbewussten Speicherungen, sondern vom tatsächlichen Bedarf des Körpers bestimmt wird. Dies kann jedoch nur korrekt praktiziert werden, wenn das Körperbewusstsein stimmt.

Auch gilt es, sich klarzumachen, dass große Unterschiede in den Angaben von Kalorien und Verbrauch existieren. Zwar werden von den Experten Unterschiede im Kalorienbedarf von Männern und Frauen angegeben, was sich bei der Vergabe von Medikamenten leider noch nicht durchgesetzt hat, doch gibt es auch innerhalb des weiblichen und männlichen Geschlechts große Unterschiede. Man kann nicht davon ausgehen, dass eine zierliche Frau von 1.60 m Körpergröße und einem filigranen Knochenbau so viel Kalorien benötigt wie eine Frau mit 1.80 m und einem kräftigen Körper. Einen Mann in einem Büroberuf, zierlich gebaut und mit 1.70 m Körpergröße, mit einem Mann zu vergleichen, der über einen kräftigen Körper und 1.90 m Größe verfügt, da er täglich auf dem Bau schwere Arbeiten zu bewältigen hat, wäre unklug. Hier sollten deutliche Unterschiede berücksichtigt werden. Deshalb ist es wichtig, dass Sie Ihren ganz persönlichen Bedarf herausfinden, sich ihre Lebenssituation bewusst machen und dann aus dem inneren Gefühl entscheiden. Der BMI (body mass index) kann deshalb ebenfalls nur ein grober Richtwert zur Beurteilung des aktuellen Körpergewichtes sein und bietet bei den großen Unterschieden nur einen Ansatzwert für die persönliche Beurteilung.

Man darf nicht vergessen, dass elementare Körperfunktionen weitgehend unterbewusst ablaufen. Wichtige Überlebensprogramme sind seit Urzeiten im Körper gespeichert und ermöglichen es ihm, trotz fehlender Bewusstheit des Menschen, zu existieren, zu überleben und sich fortzupflanzen. Atmung, Gehirnaktivität,

Herzschlag, Blutkreislauf oder Verdauung waren der Kontrolle des Menschen nicht zugänglich, ansonsten hätte er vielleicht nicht überleben können. Erst in jüngerer Zeit werden diese unterbewussten Abläufe langsam in das Bewusstsein angehoben. Dabei darf nicht vergessen werden, dass das Überleben der Menschheit von diesen unlöschbaren Programmierungen abhängig war.

Erst langsam nimmt der Mensch wahr, dass er in der heutigen Zeit die große Menge an Nahrung, die er bislang benötigte, nicht mehr verarbeiten kann. Der Mensch nimmt viel zu viel Nahrung auf, weil diese Veränderung noch zu wenig in sein Bewusstsein gedrungen ist. Der Körper muss dabei nicht unbedingt als Nachzügler der Erkenntnis betrachtet werden, er ist vielmehr Teil eines tiefen Veränderungsprozesses. Er sollte nur allmählich erkennen, dass er in dieser Zeit des Wandels bereits stärker mit höherer Energie versorgt werden kann, weshalb er nicht mehr so viel grobstoffliche Nahrung benötigt.

Der physische Körper ist als der dichteste Schwingungskörper anzusehen, der ohne die in ihm wohnende Seele nicht überleben könnte. Er benötigt sein Höheres Selbst, um lichter zu werden und allmählich in die feinstofflichen Welten aufsteigen zu können. Noch muss der Körper in der Welt des Eigenwillens mit grobstofflicher Nahrung versorgt werden, doch in den nächst höheren feinstofflichen Welten werden die dortigen Körper vollständig von göttlichen Energien gespeist.

Der Verstand kann zwar viel begreifen, umzusetzen vermag er dies jedoch erst dann, wenn auch die Körper-Ebenen verstanden haben – und dies geschieht über das Herz-Zentrum und seine Kraft. Je mehr Liebe durch seine Erkenntnisse strömt, umso leichter kann er in die inneren Ebenen vordringen. Durch Bewusstwerdung oder durch liebevolle Hingabe kann der Mensch den Kontakt mit den höheren Ebenen intensivieren. Auch das Gebet kann den Weg dorthin öffnen. Dann helfen geistige Wesen mit, die sich zuvor nicht in das persönliche Geschehen einmischen durften, da der Mensch über einen freien Willen verfügt, den jedes Lichtwesen mit größtem Respekt achtet und respektiert.

Erkennt die Intelligenz des Körpers, dass der Mensch sie liebevoll unterstützt und leitet, lässt sie die Gegenwehr los, fasst Vertrauen und arbeitet mit dem höheren Bewusstsein zusammen. Ist der Mensch auf den Körper wütend oder verachtet er ihn gar, spürt die Körperintelligenz keine Hilfe, sondern reagiert auf diese Feindschaft. Sie sperrt sich nur noch mehr, und der Mensch muss dann auch noch die aufgebauten Kampf- und Abwehrenergien abbauen, um in sein Inneres vorzudringen.

Immer wieder wird versucht, mit diversen Mitteln den Hunger zu stoppen oder sogar mit Medikamenten künstlich eine Verstärkung der Schilddrüsenaktivität zu erreichen, um den Stoffwechsel zu erhöhen und somit den Fettabbau zu beschleunigen. Solche Eingriffe werden bei einem gesunden Körper jedoch meist mit einem heftigen Gegenschlag beantwortet. Die darauf folgende Gier, um den vorgetäuschten Mangel zu decken, kann solche Ausmaße annehmen, dass man noch mehr Esslust verspürt und weitere Kilos zulegt, da der Körper sich gegen ein solches manipulatives Handeln sperrt. Dies hat eine noch größere Irritation der natürlichen Kommunikation mit dem Körper zur Folge, und die Ordnung wird in großem Maße gestört. Die Körperintelligenz ist nicht dumm; sie lässt sich nicht hintergehen. Der wahre Grund für die Esslust und die Gewichtszunahme muss herausgefunden werden, anstatt mit falschen Tricks zu arbeiten. Dies wird von der körpereigenen Intelligenz als Missbrauch betrachtet.

Der Körper hat bei einer liebevollen Zuwendung und angemessenen Versorgung des wahrhaften Bedarfs keine Angst zu verhungern. Er wird an die Veränderungen liebevoll herangeführt, und alte Schockprogramme können gelöst werden. Dies ist sehr wichtig, denn nur durch einen liebevollen Umgang mit dem Körper kann eine Veränderung erreicht werden. Dann arbeitet auch der Körper *mit* dem Menschen – und nicht *gegen* ihn. Wird ein vertrauensvoller Kontakt aufgebaut und weiß der Körper, dass er immer versorgt und umhegt wird, ist es ihm möglich, nicht gleich in Hunger-Attacken oder Verhunger-Panik zu verfallen, wenn einmal eine Mahlzeit ausfällt oder er verspätet etwas zu essen erhält. Man kann dann mit dem Körper kommunizieren, und der Kontakt funktioniert. Es ist immer ein Geben und ein Nehmen. Ausgleich und Vertrauen sind die Basis für eine gesunde Körperkommunikation. Dann kann auch wieder das freiwillige Verzichten des Körpers einsetzen, zu Zwecken der Reinigung oder zu Gunsten von Ruhezeiten für den Darm. Erst wenn dies nicht mit Panik-Reaktionen des Körpers geschieht, kann es wirklich fruchten, ohne negative Folgen zu haben. Es gilt, achtsam zu sein, um die stets individuellen Bedürfnisse der jeweiligen Körper zu erkennen und auf sie angemessen einzugehen.

Mit Hilfe von entsprechenden Gebeten und über den Herzenswunsch nach Veränderung kann die geistige Welt aktiv mithelfen, um Ihren Körper wieder in Harmonie mit Ihrem inneren Wesen zu bringen, und vermag so auf liebevolle Art und Weise den weiteren Weg mitzugestalten. Dann bedarf es keiner rigorosen Abspeck-Aktion, sondern es erfolgt eine dauerhafte Kommunikation mit allen Ebenen, bis sich das natürliche Gewicht wieder eingestellt hat. Es mag dann etwas länger dauern, doch wird die Veränderung auch länger anhalten, da sie in Harmonie mit einem positiven Lebensbild entstanden ist.

Das folgende Beispiel zeigt auf, dass die Geschmacksrezeptoren, in Verbindung mit den Gehirnzellen, teilweise ganz eigenständig wirken können.

Sandra wollte zu ihrem Wohlfühlgewicht finden. Sie hatte sich drei Wochen ganz gut gehalten und ihre Mahlzeiten auf zwei Drittel ihrer bisherigen Nahrungsmenge reduziert. Sie aß viel frische Kost, Gemüse und Obst, mitunter etwas Geflügel. Sie salzte ihr Essen weniger und benutzte auch sonst nicht so viele Gewürze, was ihr zu Anfang fade erschien, sich jedoch mit der Zeit als immer bekömmlicher für ihren Magen und ihre Verdauung zeigte.

Zur Hochzeit ihrer Nichte wollte sie ihre strenge Nahrungsänderung jedoch nicht beibehalten. Sie wollte nicht als „Diätlerin" dastehen, sondern an diesem Tag einfach mit allen anderen „schlemmen" und die Mahlzeiten im Restaurant genießen. Nichts schien dagegen zu sprechen, doch als Sandra am nächsten Tag zu ihrer bisherigen Routine zurückkehren wollte, merkte sie sehr schnell, dass dies nicht mehr möglich war. Ihr Körper zeigte einen solchen Drang nach deftiger Nahrung und Süßem, dass sie diesen eine Woche lang nicht kontrollieren konnte. Sie fühlte sich regelrecht gezwungen und manipuliert, da sie diesem starken Bedürfnis nicht widerstehen konnte.

Am Tag der Hochzeit gab es im Garten der Braut zuerst einen Stehempfang mit Sekt und kleinen Häppchen, teilweise mit Käse, teilweise mit geräuchertem Lachs, kräftigem Schinken und würzigen Streichpasteten. Bereits der Anblick ließ Sandra das Wasser im Mund zusammenlaufen. Nach der Kirche ging es zum Mittagessen in ein Restaurant, in dem nach der Hochzeitssuppe und dem Salat mehrere Fleischarten mit Gemüse, Spätzle, Kroketten, Pilzen und Saucen serviert wurden. Danach folgte ein leckeres Vanilleeis mit heißen Himbeeren und verschiedenen Waffeln. Gaumenfreude pur für die Gäste. Am Nachmittag kam die Hochzeitstorte mit einer riesigen Auswahl an weiteren Torten und Kuchen. Dazu gab es Schnäpse, Wein oder Bier – oder was der Gast sonst bevorzugte. Nachdem die meisten Hochzeitsgäste einen kurzen Verdauungsspaziergang hinter sich hatten, begann das abendliche Spektakel, so wie es sich für eine zünftige Hochzeit im Maßstab ihrer Familie gehörte. Das Abendessen war eine Mischung aus kalten und warmen Speisen, aus Fleisch in Blätterteig, geräuchertem Fisch, Salaten und verschiedenen Käsesorten. Zum abschließenden Kaffee nahm sie einen vollen Löffel Zucker und genoss die Süße, was sie sich ansonsten nicht leistete. Am Abend, zwischen den Tanzrunden, trank sie Wein und knabberte am Salzgebäck.

Sandra war begeistert über die Vielfalt des Angebotes und genoss das Essen in vollen Zügen, was ja auch Sinn der Sache war. Sie empfand es als wahres Schlaraffenland, doch als sie merkte, dass ihr Gaumen am nächsten Tag wieder solche Freuden wollte und das „fade“ Essen verschmähte, fühlte sie sich plötzlich gar nicht mehr so gut. Ihr persönliches Wollen ging mit den Bedürfnissen ihres Gaumens nicht konform. Diese Erkenntnis traf sie wie ein Hammerschlag. Plötzlich fühlte sie sich fremd in ihrem Leib, und das Gefühl, doch nicht Herr ihres Körpers zu sein, erschütterte sie zutiefst.

Mühsam erarbeitete sie sich nach einer Woche ihren Abnehm-Status zurück. Als sich nach einer Einladung zum Abendessen bei ihrer Freundin dann das Gleiche ereignete, nur in abgeschwächter Form, war sie sich vollständig bewusst, dass ihr Gaumen, vermutlich wie bei fast allen Menschen, ganz eigene Wege ging. Er war zwar in gewisser Weise manipulierbar und erziehbar, musste jedoch nach großen Gaumenfreuden erst wieder in einen ruhigeren Zustand übergehen. Auch hatte die allgemeine Essfreude ihrer Verwandten und Freunde direkt auf sie übergegriffen und sie an diesen Tagen zu einer größeren Menge an Essen verleitet. Ihr war klar, dass einige ihrer älteren Tanten an solchen Festtagen kräftig zugriffen, da sie nicht über viel Geld verfügten, die kargen Kriegszeiten noch erlebt hatten und fast mit Verhunger-Energien an die Buffets traten. Doch solche Auswüchse, zumindest im Ansatz, auch bei sich selbst festzustellen, war für Sandra schwierig. Sie schob es auf die Gene und die kollektiven Energien, doch beruhigte sie sich damit nur für kurze Zeit. Sie musste sich die Tatsache des „eigen-willigen“ Gaumens einfach bewusst machen. Sie spürte, dass sie damit umzugehen hatte und versuchte, sich darauf einzurichten. Nach der nächsten Einladung war sie schon nicht mehr so schockiert, sondern plante die „Tage danach“ einfach mit ein.

IV. RAUM UND ZEIT FÜR DAS ESSEN

Das ganze Leben, alles Sein ist eine Form der Energie. Der bekannte Physiker Max Planck sagte:

„Alle Materie entsteht und besteht nur durch eine Kraft, welche die Atomteilchen in Schwingung bringt und sie zum winzigsten Sonnensystem des Alls zusammenhält. Da es im ganzen Weltall aber weder eine intelligente Kraft noch eine einzige Kraft gibt – es ist der Menschheit nicht gelungen, das heiß ersehnte Perpetuum mobile zu finden – so müssen wir hinter dieser Kraft einen *bewussten, intelligenten Geist* annehmen.

Dieser Geist ist der Ursprung aller Materie.

Nicht die sichtbare, aber vergängliche Materie ist das Reale, Wahre, Wirkliche – denn die Materie bestünde ohne den Geist überhaupt nicht –, sondern der unsichtbare, unsterbliche Geist ist das Wahre!

Da es aber Geist an sich ebenfalls nicht geben kann, sondern jeder Geist einem Wesen zugehört, müssen wir zwingend Geistwesen annehmen. Da aber auch Geistwesen nicht aus sich selber sein können, sondern geschaffen werden müssen, so scheue ich mich nicht, diesen geheimnisvollen Schöpfer ebenso zu benennen, wie ihn alle Kulturvölker der Erde früherer Jahrtausende genannt haben: *Gott*!“

Auch die Nahrungsaufnahme und das Essverhalten unterliegen einem energetischen Prozess. Glaubt der Mensch etwa, dass der Schlankheitswahn die hohe Form des Lebens darstellt und der Mensch nur dann Erfolg hat, ansprechend, schön und sexy wirkt, wenn er dieser Vorstellung entspricht, wird er zum einen von äußerlichen Zwangsfeldern manipuliert, zum anderen ernährt er auch selbst diese Felder, wenn er an sie glaubt und ihnen nacheifert. Wo die Aufmerksamkeit hinfließt oder woran geglaubt wird, dort wird das Feld verstärkt und belebt. Alles, was nicht von der Liebe Gottes genährt wird, versucht, seine Energie aus anderen Quellen zu beziehen. Diesen Vorgang kann man in allen Bereichen des Lebens wahrnehmen. Auch Kinder, die zu wenig Beachtung erhalten, werden „auffällig“, da sie durch Aufmerksamkeit versuchen, an Energie zu gelangen. Auch wenn es unangenehme Gefühle sind, mit denen sie bedacht werden, so nehmen sie dies in Kauf, solange es eine Form der Energie ist, die zu ihnen fließt.

Sieht der Mensch in diesen Vorstellungen des Schlankheitswahns sein Lebensideal, dann urteilt er sich in der Eigenbewertung selbst ab, wenn er diesen fremden Bildern nicht entspricht. Gleichzeitig verlernt er die innere Kommunikation mit der eigenen höheren Wirklichkeit. Doch nur die eigene Wahrheit bringt den Menschen voran, und die Kommunikation mit dem eigenen Inneren schenkt Erfüllung, Wahrheit und Intuition.

Beim Streben nach dem eigenen Wohlfühlgewicht geht es nicht um das Nacheifern von fremden Vorstellungen, sondern um das Streben, in Harmonie mit dem Körper einen gesunden Austausch zu erreichen. Das eigene Wohlfühlgewicht lässt sich nicht zwanghaft erlangen. Wir dürfen nicht vergessen, dass der Körper noch den ursprünglich tierischen Aspekten gleicht und auch die Zellen von Natur aus eigentlich faul sind. Jeder Genetiker weiß, dass Zellen angeregt werden müssen, damit sie sich bilden und entwickeln; und jeder, der einmal einen Fuß oder einen Arm gebrochen hatte und einen Gips tragen musste, weiß, dass die Muskeln, die nicht trainiert und bewegt wurden, sich zurückbildeten. Sie müssen dann wieder aufgebaut werden und zu ihrer alten Spannkraft finden. Deshalb ist es wichtig, dass der Mensch, als geistiges Wesen in einem Körper, sich auch um diese Schwachpunkte bemüht. Er muss sich ausreichend bewegen, um die Körperenergie und somit das Leben in Bewegung zu halten. Der Mensch hat einen Körper, aber er ist nicht der Körper. Lässt er sich von ihm zu stark lenken, kann er den geistigen Weg und sein Lebensziel aus den Augen verlieren. Daneben ist eine natürliche Förderung und Achtung notwendig, damit die Bedürfnisse des Körpers erfüllt werden, dieser sich geachtet fühlt und somit auch aktiviert werden kann, um sein Bestes zu geben. Der Mensch sollte stets auf eine harmonische Geist-Körper-Beziehung bedacht sein.

Lenkt der Mensch seine Aufmerksamkeit auf diesen Zusammenhang, werden die dafür vorgesehenen Kräfte und Energien sowie die Mithilfe aus den geistigen Ebenen mit der Zeit immer mehr aktiviert, und der natürliche Austausch und Ausgleich kann immer besser erfolgen. Wohin die Aufmerksamkeit fließt, dorthin fließt auch die Energie.

Ein Körper, der etwas leisten muss, benötigt Energie. Es sollten gute Energien sein; eine ausgewogene Ernährung mit viel frischer Kost, den notwendigen Eiweißen, Kohlenhydraten und auch guten Fetten sowie Sonne, Luft und Bewegung. Und jeden Tag darf auch ein kleines „Genießerle“ dabei sein. Neben der entsprechenden Bewegung und liebevollen Aufmerksamkeit für den Körper wird so auch das Herz erfreut.

In unserer hektischen Zeit und den großen Anforderungen des Alltags wird meist viel zu wenig Zeit für das Essen eingeplant. Deshalb ist es wichtig, wenn Sie sich so oft wie möglich Zeit und Raum für das Essen einräumen können. Decken Sie den Tisch schön, stellen Sie vielleicht Blumen darauf, wenn Sie zu Hause sind, denn diese Aufmerksamkeit wird als Lebensenergie auch in Ihre Verdauung fließen.

Es lässt sich nicht immer einrichten, doch wenn Sie das Essen selbst zubereiten können, birgt dies große Vorteile. Bereits beim

Einkaufen können Sie auf Ihre inneren Impulse hören und die Lebensmittel einkaufen, die für Sie und Ihre Familie gut sind. Ihre Liebe und Aufmerksamkeit kann einfließen und die Mahlzeit bereits beim Zubereiten in eine gute Schwingung bringen. Fertigmahlzeiten sind zwar sehr zeitsparend, enthalten jedoch mitunter einen großen Anteil an versteckten Fetten, die nicht immer zu den „guten" gehören. Auch sind manchmal Stoffe enthalten, die dem Körper nicht zuträglich sind. Sie blockieren den Energiefluss und harmonieren nicht mit den Körperenergien, da sie fremd und künstlich schwingen. Wenn man auf Fertigmahlzeiten zurückgreift, dann am besten nur auf solche, die bereits auf höhere Anforderungen der Ernährung ausgerichtet sind.

Danken Sie grundsätzlich jedem Essen und versuchen Sie, Ihre Liebe einfließen zu lassen. Das erlaubt den feinstofflichen Energien, sich zu entfalten und die natürliche Kraft strömen zu lassen. Es gilt zu beachten, dass bei einer energetischen Berührung von natürlichen Energieströmen deren höhere Schwingung nur durch die Aufmerksamkeit der Liebe entfaltet werden kann. Andererseits entsteht bei der dauerhaften Missachtung wichtiger feinstofflicher Energien ein Stau, der zu Blockaden und Behinderungen führt. Das Leben selbst wird in seinem Fluss blockiert, wenn nicht Liebe und Dankbarkeit ihre feinen Essenzen freisetzen können.

Eine gesunde Ernährung hat nichts mit Verzicht zu tun. Im Gegenteil, wenn sich wieder eine natürliche Ordnung zwischen Bedarf und Verbrauch eingestellt hat und die Geschmacksverwirrungen überwunden sind, kann der Mensch erneut zum Genuss von natürlicher Nahrung finden. Dann zieht es ihn nicht beständig nur zu Fettem und Süßem hin, sondern er empfindet wieder Freude, eine Karotte oder einen Apfel zu essen. Er spürt dann aufs Neue die Natur der Dinge und genießt sie über seine Ernährung. Liebe durchdringt ihn, und er erfreut sich an den Gaben der Natur.

Leider sind die Geschmacksnerven und die Gehirnzellen sehr leicht zu verwirren und in eine unnatürliche Ausrichtung zu verleiten. Dann bedeutet plötzlich das Schmecken von Fettem, Gebratenem oder Süßem im Gaumen ein Gefühl von Glück und Geborgenheit, von Genuss und Wohlbehagen. Alte Erinnerungen an gemeinsames Schlemmen und glückliche Momente veranlassen dieses „Wiederholen- und Erinnern-Wollen". Durch Fehlprogrammierungen hat sich hier oft eine Verirrung eingestellt, und mit dem Konsum dieser Stoffe glaubt man, das alte Glück noch einmal fühlen zu können. Doch ist dies eine Fehlprogrammierung, die oft mit großen Mangelsituationen entweder aus diesem Leben oder aus einem vergangenen zu tun haben. Nicht selten sind solche Menschen in früheren Leben verhungert, mussten Jahre der Not erleben oder sind in Gefängnissen kaum versorgt worden. Wurden dann in der Kindheit schwierige Situationen mit Süßigkeiten oder Fast Food aufgefangen oder Streicheleinheiten mit Süßem ersetzt, ist das falsche Programm in den Zellen schnell verankert. Hier hilft wieder die Rückkehr zur natürlichen Ordnung und die Erkenntnis, dass eventuell emotionaler Mangel oder alte Schmerzen zugedeckt und überdeckt werden sollen, was jedoch nie eine dauerhafte Lösung sein kann.

V. ALLES EINE SACHE DER ENERGIE

Wenn man das Leben des Menschen geschichtlich betrachtet, wird schnell deutlich, dass das Essen eine der Hauptaufgaben und Bedürfnisse des Lebens darstellt. Es verging und vergeht kein Tag, an dem im Normalfall nicht gegessen wird. Es vergeht kein Tag, an dem nicht daran gedacht wird, was es am nächsten Tag zu essen gibt. Seit Urzeiten waren die Menschen damit beschäftigt, sich mit dem Thema und der Energie „Essen" täglich auseinanderzusetzen. In der Steinzeit waren die Männer laut Überlieferung mit der Jagd und die Frauen mit der Zubereitung der Beute oder dem Sammeln von Beeren beschäftigt. Die Hauptkonzentration war somit auf das Überleben gerichtet, welches nur mit Nahrung möglich war. Menschliche Nähe, Familie, Sippe, Sexualität sowie Kleidung und Schutz des Körpers waren ebenfalls wichtige Aspekte des Lebens, doch ohne Nahrung war der Mensch nicht fähig zu überleben. Die Energie und Aufmerksamkeit des Menschen richtete sich somit in starkem Maße auf das Essen. Diese Ausrichtung wurde über Jahrtausende beibehalten und prägte sich tief in das Be- und Unterbewusstsein des Menschen sowie in gebietsübergreifende morphogenetische Felder ein. Die geistige und körperliche Energiemenge, die für die Beschaffung und Aufnahme von Nahrung verwandt wurde, bildete einen Großteil des täglichen Energiehaushaltes. Überfälle und Kriege wurden geführt, um Nahrung und somit den Erhalt der Sippe oder des Volkes zu sichern. Das Überleben des Menschen sowie die Versorgung seiner Nachkommenschaft war eng mit Nahrung verknüpft. Diese Energieaufwendung bestimmte über Jahrtausende einen großen

Teil des Lebens und ist somit existenziell im Bewusstsein der Zellen eingeprägt.

Einige wenige Ausnahmen waren Menschen, die sich in hohen religiösen oder weltlichen Ämtern an keiner Arbeit beteiligen mussten. So mancher Adlige oder Würdenträger überließ sich der Völlerei und Maßlosigkeit, so dass seine Existenz bald von Fettsucht überschattet wurde. Nicht selten sind solche Auswüchse auch in späteren Leben als Belastung abzuarbeiten, bis in Verbindung mit Demut und Nächstenliebe ein natürliches Maß der Nahrungsmenge gefunden wird.

Noch ein weiterer Faktor kann sich aus solcher Maßlosigkeit ergeben. Eine junge Frau erinnerte sich daran, dass sie ihr ganzes Leben lang Nahrung verachtet hatte. Essen widerte sie an, und sie empfand Ekel vor jeder Speise. Sie litt an Magersucht und Schüben von Bulimie, die von kurzen Fressattacken überschattet wurden, da ihr Körper natürlicherweise nach etwas zu essen verlangte. In einer tiefen Meditation sah sie sich als kleinen Jungen zu Füßen eines „hohen Würdenträgers" sitzen, so wie man sich diesen aus alten Filmen vorstellen kann, in edlen Räumen mit viel Personal. Er fraß den ganzen Tag, und das Fett triefte ihm aus dem Mund. Er stank, rülpste und ließ seinen Verdauungsgeräuschen freien Lauf. Sie musste dies jeden Tag ertragen, und ihr Leben bestand darin, neben wenigen Momenten weltlicher Ausrichtung, das Essen für den Weihbischof zu bringen (was meist den ganzen Tag beinhaltete), ihn sogar teilweise zu säubern, das Essen wieder aufzuräumen und ihm bei seinen körperlichen Notdürften und Verrichtungen behilflich zu sein. Er trank außerdem viel Alkohol, was ihn noch mehr enthemmte und die moralischen Aspekte des Lebens vergessen ließ. Sein Körper konnte immer schwerer bewegt werden, und Sauberkeit und Hygiene wurden nicht mehr beachtet.

Diese alte Erinnerung saß noch derartig tief in ihren Gefühlen, dass sie sich so stark vor dem Essen ekelte, dass sie kaum damit fertig wurde. Erst als sie die Natur der Nahrung von ihrer Erinnerung an den alten „Würdenträger“ trennte und versuchte, ein neues Bild vom Essen aufzubauen, konnte sie langsam beginnen, die Nahrung, die ja Leben schenkt, wieder zu lieben.

LIEBE ZUR ERDE UND DEN ELEMENTEN

Ein weiterer wichtiger Aspekt ist der Austausch von feinstofflicher Energie, die sich durch die Beschäftigung mit der Nahrung ergibt. Durch den Anbau der Lebensmittel, durch Ackerbau oder Viehzucht war der Mensch eng mit diesen natürlichen Energiefeldern verbunden. Die Kräfte der Erde und der Elemente wurden berührt. Die lebendigen Energien der Natur standen in engem Austausch mit dem Menschen. Im optimalen Fall liebte der Mensch seine Tiere, er freute sich über den Wuchs des Korns und bat die höheren Mächte um Regen und Sonne. Es wurden Rituale durchgeführt, um den Göttern für das Wachstum der Felder zu danken und um Regen und reiche Ernte zu bitten. Dankbar bezeugte der Mensch zum Erntedankfest seiner Gottheit die Treue und bat um weiteren Segen für seine Arbeit oder um Gesundheit für seine Tiere. Der Mensch opferte Liebe und Dankbarkeit und erhielt Nahrung und Schutz.

Wer ist sich in der heutigen Zeit noch bewusst, welche Leistungen erbracht werden müssen, bevor ein Essen auf dem Tisch steht. Denkt man daran, dass das Gemüse, welches auf dem Teller liegt, von einem Menschen eingepflanzt, gegossen und gehegt werden musste, ehe es geerntet und zum Verkauf vorbereitet wurde. Ist es einem bewusst, dass die Energien der Natur und der Pflanzen selbst am Wachstum beteiligt waren und ihr Bestes gegeben haben? Sieht man, dass die Erde ihren Leib zur Verfügung gestellt hat und die Kräfte der Elemente ihren Einsatz erbrachten, damit die Pflanze wachsen konnte?

Wenn man selber kochen kann, ist die liebevolle Beschäftigung mit der Nahrung ganz natürlich möglich, doch beim Kauf von vorbereitetem oder fertigem Essen ist es besonders wichtig, in dieses liebevolle Energie einfließen zu lassen. Durch ein Gebet kann man die in der Nahrung enthaltenen höheren, lichtvollen Anteile zum Schwingen bringen, die für unser energetisches Überleben so wichtig sind. Dann entfalten sich die ätherischen Anteile des Lebensmittels und ernähren auch unseren Ätherkörper. Dieser wichtige Austausch zwischen Natur und Mensch ist eine entscheidende energetische Grundlage für die Gesundheit des Körpers. Die meisten Menschen widmen sich beruflich ganz anderen Dingen und halten, bis auf wenige Ausnahmen, eher selten eine frisch geerntete Karotte in Händen oder stehen zur Erntezeit an einem Apfelbaum oder Beerenstrauch. Der Austausch der lebendigen Äther-Energie ist somit eher selten, was im Menschen einen existenziellen Mangel verursacht.

Leider scheint der Alltag mit all seinen Anforderungen kaum Zeit zu lassen, sich solchen Momenten hinzugeben. Der Stress und die Unruhe unserer Zeit tragen viel dazu bei, uns mit der Zeit völlig zu denaturieren und uns somit von den Schwingungen von Mutter Erde zu entfernen. Es wirken Mächte auf dieser Erde, welche diese Denaturierung fördern, um den Menschen weiter aus der natürlichen Ordnung zu bringen. Je weiter sich der Mensch von der höheren Ordnung entfernt, umso leichter lässt er sich ausbeuten – und Macht kann ausgeübt werden.

> „Die Welt hat genug für die Bedürfnisse eines jeden,
> aber nicht genug für die Gier eines einzigen."
> *(Mahatma Gandhi)*

Diese Worte zeigen deutlich, dass Mahatma Gandhi sich bereits der Ausbeutung Einzelner bewusst war und erkannt hatte, dass einige wenige „Dunkle“ die Welt für ihre Zwecke missbrauchen wollen. So mancher, der in der Öffentlichkeit nach „mehr für die Allgemeinheit“ schreit, führt in Wahrheit ganz andere Ziele im Schilde.

Deshalb ist es besonders wichtig, sich hier wieder klar zu machen: „Bewusstsein ist Aufmerksamkeit und Aufmerksamkeit ist Energie.“

Bewusst zu sein bedeutet, sein Leben in die eigenen Hände zu nehmen und sich den höheren Werten zuzuwenden. Dann kann wieder mehr Energie durch das persönliche System fließen und die Nähe zur Natur, zur Erde und zu den höheren Engeln wird gefördert.

Bewusstsein ist Energie, die bei der Erhöhung der Erdenschwingung mithelfen kann und für unser geistiges Wachsen und Werden unumgänglich ist. Alle Menschen tragen den Zugang zu Mutter Erde sowie zu den Energien höherer Welten immer in sich. Teilweise hat sich der Mensch entfernt, doch es bleibt ihm immer Zeit, sich wieder rückzubesinnen und den Weg in Harmonie mit der Natur und auch mit den göttlichen Energien zu gehen. Dieser Planet – Mutter Erde – lebt, sie fühlt, sie entwickelt sich und möchte in Harmonie mit den Menschen ihr Bestes geben. Es ist eine Zeit der Bewusstwerdung und Wandlung, die den Planeten und den Menschen mit allen seinen Lebensräumen in eine höhere Schwingung versetzen wird.

Um wieder die Energie von Mutter Erde zu fühlen und in Harmonie mit ihrer Schwingung zu gelangen, kann das nachfolgende Gebet einen liebevollen Beitrag leisten.

DAS ERDENGEBET

Mit großer Achtung und tiefer Liebe möchten wir Dir,
Mutter Erde,
unsere Dankbarkeit überbringen.
In tiefem Respekt für Deine Gaben und voller Wertschätzung für Deine Lebensräume möchten wir Dir heute und jetzt unsere Liebe und Ehrerbietung übermitteln.

Von Herzen bitten wir den göttlichen Schöpfer mit seinen Engeln, Dir in dieser Zeit der Wandlung und Erneuerung beizustehen. Möge die höchste Gottheit alle negativen Energien in Heilkraft und Liebe umwandeln, und möge das Dunkle sich erheben oder vor seinem Geiste weichen.

Wir bitten die vollendete Liebe, uns die Weisheit zu schenken, die wir als Menschen im Umgang mit Dir, Mutter Erde, benötigen. Wir bitten um den Segen der Erkenntnis für uns und alle Menschen, damit wir in Harmonie mit Dir und den göttlichen Gesetzen leben können. Wir bitten um das rechte Bewusstsein für alles Leben auf Dir, damit wir es achten und schützen können in der Liebe Gottes.

Wir wissen, dass wir selbst Teil Deines Wesens sind und eng mit Dir verbunden. So wie Gott in den Bäumen, in den Blumen, in den Tieren, im Menschen, in der Luft, in der Sonne und in den Sternen lebt, sind auch wir ein Teil von Dir, Mutter Erde. Wir sind Teil des Mineralreiches, Teil der Pflanzen und Tiere und allen Lebens, auch wenn es sich noch unseren sichtbaren Augen verschließt.

Aus tiefstem Herzen möchten wir die Gesetze Deiner gottgegebenen Natur achten und ehren, als Ausdruck der Verbindung und Liebe allen Lebens. Wir sind uns der Verantwortung bewusst,

Frieden zu bringen für diese Welt, um unseren Kindern jenes Leben auf dieser Erde zu hinterlassen, welches von der höchsten Gottheit vorgesehen ist.

Wir verneigen uns nach allen vier Himmelsrichtungen, nach Süden, Norden, Osten und Westen, in Dankbarkeit für die geistige Führung, die sich durch diese Ordnung ausdrückt.

Wir danken den Geistern der vier Elemente, dem Feuer, dem Wasser, der Erde und der Luft. Mögen sie uns durchdringen als Teil unseres Wesens und uns führen in der materiellen Schöpfung.

Mögen alle Menschen in der tiefen Liebe zur höchsten Schöpferkraft vereint sein und ihr ihre Liebe und ihren Respekt entgegenbringen, egal welcher Nationalität, Hautfarbe oder Glaubensrichtung sie angehören. Wir sind alle Menschen dieser Erde, Teil dieser Schöpfung, und ohne die Erkenntnisse dieser Einheit können wir die Rückkehr in das göttliche Lichtreich nicht antreten.

Wir sind Kinder der Sonne und der Erde, wir sind der Berg und die Blume, Morgentau und Abenddämmerung. Was wir zu ihren Ehren tun, tun wir auch für Gott, für alles Sein im großen Kosmos, für uns selbst und für die Kinder dieser Zeit.

Möge der Segen des Höchsten stets mit Dir sein, Mutter Erde, und mit allen Geschöpfen und Lebensformen, die Du trägst. Wir danken Gott für seine unendliche Liebe und seinen Schutz, den er stets für uns bereithält.

***

MAN IST, WAS MAN ISST

Ein weiterer wichtiger energetischer Aspekt ist das Bewusstsein, dass der menschliche Körper nur dann funktionieren kann, wenn er mit genügend Nährstoffen aus dem stofflichen Bereich sowie mit genügend nährender Energie aus den feinstofflichen Ebenen versorgt wird. So wie auch Maschinen nur dann funktionieren können, wenn sie mit genügend Energie gespeist werden. Entsteht eine Unterversorgung, kann keine geordnete Funktion mehr stattfinden, der Körper wird energielos und krank. Fehlen wichtige Stoffe, setzen mit der Zeit Kopfschmerzen, Müdigkeit, Abgeschlagenheit und Konzentrationsschwäche ein, die sich auch in depressiven Gefühlen äußern und im weiteren Verlauf zu Antriebslosigkeit, Schwermut und Bewegungsunlust führen können.

So kann es sogar geschehen, dass ein dickleibiger Mensch an Unterernährung leidet, da er nicht mehr mit genügend Energie versorgt wird. Sein Körper ist durch denaturierte Nahrungsmittel in seiner Verdauung so gestört, dass sein Darm aus der aufgenommenen Nahrung nur noch wenige Nährstoffe entziehen kann. Sie verlassen ungenutzt den Körper, und die Essensgier wird immer stärker, da das Unterbewusstsein weiß, dass doch *Energie aus der Nahrung* gewonnen wird. Wenn man fast täglich extremes Verlangen nach Fettem und Cremigem verspürt, nach stark gebratenem oder stark gewürztem Essen verlangt, kann man sicher sein, dass zum einen der Körperkontakt nicht mehr stimmt, der ein natürliches Bedürfnis mitteilt, zum anderen eine Störung der inneren Wahrnehmung der Nahrung sowie der Verbindung zu den Äther-Energien der Erde vorliegt. Dann ist es unabdingbar, eine Änderung herbeizuführen, da die Störungen ansonsten bald auf andere Systeme übergreifen können. Die Wahrnehmung des Körpers muss wieder auf die natürlichen Wege eingestellt und eine Veränderung der Essgewohnheiten herbeigeführt werden.

Dies bedeutet auch, die körpereigene Intelligenz fühlen und wissen zu lassen, dass der Mensch nicht gegen sie arbeitet, sondern genügend Einsatz aufbringt, um dem Körper die notwendigen Nährstoffe zu geben und ihn mit Liebe und Achtsamkeit zu versorgen. Wahrhafte Energie aus gesunder Kost, die den Körper wieder mit allen Nährstoffen aus allen Ebenen versorgt, wirkt segensreich. Fühlt der Körper wieder Vertrauen, lässt die innere Weisheit erneut den freien Fluss reiner Energie zu. Hat der Körper Angst vor Unterversorgung oder Mangel, entstehen schnell Existenzängste, die Energieströme verzerren sich und es kann kein Austausch mehr stattfinden.

Ein Wandel in der Nahrungsaufnahme sollte immer mit Liebe für den Körper beginnen. Achten Sie ihn für seine Arbeit und versuchen Sie zu verstehen, dass irgendetwas nicht stimmt, wenn sie etwa übergewichtig sind oder immer wieder von intensiven Essgelüsten heimgesucht werden. Wenn alte Programme abgelöst und unterbewusste Gegenmuster erkannt und gewandelt sind, kann wieder eine harmonische Kommunikation mit dem Körper einsetzen.

Welche Nahrungsmittel gesund sind, was unter Bio-Kost zu verstehen ist oder in welcher Form die Zubereitung gehandhabt werden sollte, dürfte ausreichend bekannt sein. Es gibt ausgezeichnete Bücher darüber, man kann Seminare oder Work-Shops besuchen oder Ernährungsberater/innen aufsuchen. Hier stehen dem interessierten Sucher viele Türen offen. Diese Informationen müssen daher nicht Bestandteil dieses Buches sein. In dieser Studie geht es um den geistigen Hintergrund, um Blockaden des Geistes, um Fehlprägungen des Unterbewusstseins und um die Befreiung von kollektiven oder persönlichen Mustern, die unerkannt in der Tiefe brodeln oder als Auswirkung zwar erkannt worden sind, aber noch nicht verändert werden konnten. Es ist äußerst wichtig, die gesunde, natürliche Kommunikation zwischen Mensch, Körperzellen und Natur wiederherzustellen und ein Bewusstsein dafür zu entwickeln, was gesund ist. Was brauchen wir und wie kann der Mensch, unabhängig von äußeren Einflüssen oder fremden Energiefeldern, seine Nahrungsaufnahme gestalten, um gesund, energiegeladen und mit Lebensfreude seinen Alltag zu meistern?

VI. DIE DREI EBENEN DER NAHRUNG

Vom energetischen Gesichtspunkt aus betrachtet, kann man bei der Nahrungsaufnahme drei wichtige Ebenen unterscheiden.

1.	Die Körperebene	Grobstofflicher Körper
2.	Die nächst feinere Energieebene	Ätherbereich
3.	Die Gefühlsebene	Astralbereich

Wenn man auf die tieferen Hintergründe des Lebens schaut, wird schnell deutlich, dass alle drei Ebenen über die Nahrung versorgt werden sollten.

1. DIE KÖRPEREBENE

Die erste Ebene ist den natürlichen Lebensbedürfnissen des Körpers untergeordnet. Sie richtet sich nach den Anforderungen und den jeweiligen Aufgaben im Leben eines Menschen. Eine ausgewogene und natürliche Nahrungszufuhr mit biologisch hochwertigen Lebensmitteln versorgt den Körper mit allen wichtigen Vitaminen, Mineralstoffen, Spurenelementen, Eiweißen, Fetten, Kohlenhydraten, Ballaststoffen und allen anderen Lebensbausteinen, die der Körper benötigt. Da die Versorgung beim gegenwärtigen Lebenswandel der Menschheit oftmals nicht ausreicht, kann eine Unterstützung durch die Zuführung von hochwertigen Zusatzstoffen in bestimmten Lebensphasen sinnvoll sein.

2. DIE NÄCHST FEINERE ENERGIEEBENE – DIE ÄTHEREBENE –

Diese Ebene wird in der esoterischen Literatur als Ätherebene bezeichnet. Sie steht in enger Verbindung zum Körper und erstreckt sich gleichzeitig in die Astralbereiche, also in die Gefühlsebenen. Die Ätherebene ist das Durchgangsportal für höhere Energien. Gleichzeitig vollzieht sich hier die Aufnahme und Weitergabe wichtiger feinstofflicher Energien, die nach ihrer Umwandlung dem Körper als lebenserhaltende Kräfte zur Verfügung stehen. Ohne diese unterstützenden Prozesse könnte der Körper nicht existieren. Nach kurzer Zeit würde zuerst ein Energiemangel einsetzen, dann Krankheit und schließlich der körperliche Tod. Die Äther-Aura wird auch als Gesundheits-Aura bezeichnet, da Blockaden, die sich in deren Schwingungsbereich befinden, nicht selten Krankheiten auslösen. Auch wird diese Ebene gerne von lieblosen Energiewaben genutzt, sobald sie Schwachstellen aufweist, um sich darin einzunisten und den Menschen zu beeinflussen. Derartige Energiewaben existieren in einer großen Vielzahl im Schwingungsbereich der Erde und möchten sich über die Kräfte des Menschen versorgen. Sie sind Konstrukte aus Bedürfnissen, Zwängen oder Gier und können mit der notwendigen Liebeskraft aufgelöst werden.

Auch die Lebensmittel dieser Erde sind in ihrer feinstofflichen Natur diesen Ätherenergien angepasst und fügen sich vollkommen in das Bedürfnis des Körpers ein. Sie haben sich über Jahrtausende ausgebildet und schwingen mit allen Ebenen in Harmonie, wenn sie sich in einem gesunden Austausch befinden. Jede Pflanze trägt ihre eigene Ätherenergie; und genauso wie der physische Körper die verschiedenen Vitamine, Mineralstoffe und Spurenelemente sowie Eiweiße, Kohlenhydrate und Fette benötigt, braucht auch der Äther-Körper die verschiedenen Schwingungen, welche durch die Pflanzen, aufgrund ihrer liebevollen Verbindung zu Mutter Erde, abgegeben werden. So wird etwa Reis als kühlendes Nahrungsmittel, Kohl dagegen als wärmendes eingeordnet. In der Sonne gereifte Beeren sowie Äpfel oder Zitronen sind von Sonnenenergie durchtränkt und wirken daher als Träger der lichtvollen Sonnen-Energien. Kartoffeln und Karotten stellen dagegen einen Bezug zum kühlenden Mutterboden und zu den Kräften der Erde her. Aus therapeutischer Sicht werden viele Pflanzen zur Heilung für den Körper eingesetzt, da sie auch auf der Ätherebene wirken. Beispielsweise Weißdorn für das Herz oder die Mariendistel für die Leber. Sie stellen die innere Ordnung des Organismus wieder her. Hier wurde in den Überlieferungen des Volksgutes und Brauchtums glücklicherweise viel altes Wissen erhalten.

Sind die Pflanzen mit Pestiziden oder unnatürlichem Dünger durchsetzt, gen-manipuliert oder auf andere Weise verändert oder geschädigt, können sie dem Menschen diese notwendigen Energien nicht weitergeben. Sie weisen dann verschobene Energiestrukturen auf, sind verzerrt und haben die natürliche Verbindung zu ihrer Kraftquelle verloren. Was sie nicht in sich tragen, können sie auch nicht weitergeben. Dies führt im weiteren Verlauf zur Unterversorgung des Menschen mit der ätherischen Energie unseres Planeten.

3. DIE GEFÜHLSEBENE – DER ASTRALBEREICH

Störungen in diesem Bereich lassen sich vom Menschen unmittelbar daran erkennen, dass er sich schlecht, antriebslos oder traurig fühlt. Die Palette der Gefühlsäußerungen ist groß und wird auch von den Menschen unterschiedlich wahrgenommen. Je feinfühliger ein Mensch ist, umso mehr ist er, bis er die notwendige Stabilität und Stärke entwickelt hat, den verschiedenen Gefühlen ausgeliefert. Er nimmt sie einerseits aus der Umgebung wahr, andererseits entstehen sie zumeist in seinem eigenen Inneren.

Auch Nahrung trägt Gefühle. Das mag sich zwar im ersten Moment seltsam anhören, doch einige Beispiele dürften dies verdeutlichen. Pflanzen fühlen. Diese Erkenntnis mag für manchen Menschen noch seltsam klingen, doch sind die Gefühls-Schwingungen der Pflanzen in der feinstofflichen Ebene sehr deutlich wahrnehmbar.

Pflanzen werden von lichtvollen Wesen, den sogenannten Pflanzen-Devas oder Pflanzen-Engeln, behütet und versorgt. Jedes dieser hohen Lichtwesen trägt besondere Schwingungen. Sie sind sowohl im Ätherbereich sichtbar als auch im Astralbereich. Sobald eine Pflanze, die als Lebensmittel dient, in Liebe und Dankbarkeit verzehrt wird, entsteht ein Austausch mit diesen lichtvollen Wesen, die zum einen unseren Körper, dann den Ätherbereich und im weiteren Verlauf die körpernahen Gefühlsebenen versorgen. Gleichzeitig erhalten sie vom Menschen Energie zurück. Es findet ein wichtiger natürlicher Austausch statt, welcher dem Aufstieg des gesamten Planeten dienlich ist. Nimmt der Mensch seine Nahrung nicht mit Dankbarkeit und Freude zu sich, kann dieser Austausch nicht stattfinden. Dann leiden darunter die Ebenen des Menschen sowie der Austausch mit den Pflanzen-Devas.

Hält ein solcher Energieverlust beim Menschen über längere Zeit hinweg an, kommt es zu schwerwiegenden Auswirkungen und Unterversorgungen. Der Mensch fühlt sich nicht mehr gut und kann krank werden.

In der Bach-Blütentherapie wird genau auf diesen Umstand der Gefühlswelten eingegangen. Dr. Bach konnte auf besondere Weise die Gefühlswelt der Pflanzen erfassen und in seiner Therapie nutzbar machen. Er stellte fest, dass sie beispielsweise auf Ängste einwirken können oder auf Besitzgier, auf Übersensibilisierung oder auf das Bedürfnis, allen Menschen gerecht werden zu müssen, nur nicht sich selber. Auch aus der Naturheilkunde ist bekannt, dass etwa das Johanniskraut in besonderer Weise „Licht“ in die Gefühlswelt bringt und Blockaden aufzulösen hilft. Im Mineralreich ist es das Gold, welches, in homöopathischer Potenz zubereitet, das Herz öffnet und höheren Gefühlen Raum verschafft.

Viele Menschen fühlen inzwischen, dass die Pflanzen zu einer Art Kommunikation fähig sind. Das können sie deshalb, weil sie auch über eine eigene Empfindungsfähigkeit verfügen. Mit lieben Worten und Zuwendung, aber auch mit Musik, kann eine harmonische Grundlage für das Wachstum der Pflanzen geschaffen werden. Zu den lichtvollen Pflanzenwesen kann eine so liebevolle Verbindung aufgebaut werden, dass sie sogar dem regen Austausch von Informationen dienen können. Die Findhorn-Gemeinschaft hat auf diesem Gebiet viel geleistet und ein erweitertes Bewusstsein geweckt.

Am Beispiel der Gewürzlilie Ingwer lassen sich alle drei Ebenen der Nahrung gut definieren:

- körperlich: antibakteriell, beruhigt den Magen, steigert den Stoffwechsel, stärkt das Immunsystem
- ätherisch: die ätherischen Öle lindern Reisekrankheit, helfen bei Blähungen und Darmkoliken (der Bezug zum Körper ist hier immer sehr eng), ihre feinstoffliche Energie ist wärmend (gut im Winter), hilft und stärkt bei Erkältungen
- gefühlsmäßig: beruhigt den Solarplexus, wirkt entspannend auf Gefühlsverwirrung, vermittelt Gefühle der Geborgenheit und inneren Wärme

Oftmals greift die Wirkung der Nahrungsmittel auf alle drei Bereiche über, und man kann die einzelnen Ebenen nicht so klar definieren. Doch stets wirken sie auf alle Bereiche ein. Auch enthalten die verschiedenen Lebensmittel und Heilpflanzen eine unterschiedliche Menge von Vitaminen, Mineralstoffen, Ballaststoffen oder auch Fetten (30 % Fett in der Avocado) und nähren den Körper auf ihre spezielle Art.

FLEISCHVERZEHR

Werden Tiere gegessen, die im Schlachthaus einen Todesschock erlitten haben, die ihr Leben lang in einem engen Stall leben mussten oder mit aufgeputschter und mit Medikamenten versehener Nahrung aufgepäppelt wurden, werden die Gefühle dieser Tiere mit dem Fleisch mitgegessen. Bestimmte Hormone werden in Schockzuständen in das Blut ausgeschüttet, welches sich im Fleisch feststellen lässt. Auch der hohe Purinwert im Fleisch ist bedenklich, da er den Harnsäurespiegel anhebt und bei Gichtanfällen einen Auslöser darstellt. Auch die lieblose Behandlung der Tiere wird wieder auf den Menschen übertragen, indem er diese Tiere als Nahrung zu sich nimmt. Das Leid von Tieren, die über weite Strecken zur Schlachtbank gefahren wurden, die kaum Platz hatten, große Angst durch die Erschütterungen der Fahrt durchlebten und manchmal sogar totgetrampelte Nachbartiere fühlten, ist unermesslich.

Auch wenn manche Bauern ihre Tiere lieben und schätzen, spüren die Tiere dennoch, wenn der Tod naht. So erzählte eine Bäuerin, deren Familie eine Schweinezucht aufgebaut hatte, dass die Schweine immer wussten, an welchem Tag sie zur Schlachtbank abgeholt werden sollten. Es waren sogar jene Tiere nervös und ängstlich, die selbst nicht abgeholt wurden. Sie waren teilweise so voller Angst, dass man ihnen an diesen Tagen nicht zu nahe kommen durfte. Die Tiere leben in Symbiose miteinander und fühlen daher, was mit den anderen Tieren ihres Stalles geschieht. Tiere haben einen ausgeprägten Überlebensinstinkt, der sich in tiefer Angst äußert, wenn der Tod naht, der ja beim Schlachten auch nicht immer schmerzfrei abläuft.

Wenn man den Verzehr von Fleisch noch nicht aufgeben möchte, sollte man darauf achten, dass die Tiere liebevoll lebten und gut versorgt worden sind. Danken Sie den Tieren, dass sie ihr Leben gegeben haben. Dadurch wird die Seelenkraft der Tiere in den jenseitigen Ebenen erreicht, und es fließt Liebe und Dankbarkeit.

Ist die Nahrung hochwertig und wird mit Freude und Genuss verzehrt, fühlt sich der Mensch auch im Äther- und Astralkörper gesättigt und glücklich. Er fühlt sich geborgen, da ihm gute Nahrung geschenkt wurde, und sein Inneres fühlt sich in Harmonie mit dem SEIN. Da der Mensch tief in sich das Wissen trägt, dass hochwertige Nahrung sein Überleben sichert sowie Genuss und Lebensfreude bedeutet, ist ein harmonischer Ausgleich eine wichtige Grundlage für ein erfülltes Leben.

In der anthroposophischen Ernährungslehre wird Fleisch zwar nicht verboten, doch warnt Rudolf Steiner beim Fleischverzehr davor, dass auch die „Kräfte" der Tiere mitgegessen werden. Dies gibt zwar Kraft bei harter körperlicher Arbeit, doch Fleischverzicht begünstigt die eigene geistige Arbeit.

Die Wahl der Nahrung, die Zubereitung und die Aufnahme sollte bei allem Hintergrundwissen allerdings nicht in Stress ausufern, da sonst das Blut mit Stresshormonen überschüttet wird, davon sind wir ohnehin schon im Übermaß belastet. Wichtig ist die eigene Entscheidungsfreiheit und ein waches Bewusstsein. Die Wahl der Nahrung und die Art des Essens sind nicht nur für den Menschen, sondern auch für die Schwingungsveränderung auf der Erde von großer Bedeutung. Wenn man den Blickwinkel erweitert, wird deutlich, dass das Essen weit größere und wichtigere Dimensionen umfasst, als man im Alltag manchmal annimmt.

HIRNZELLENFORSCHUNG

Eine sehr interessante Einsicht liefern neueste Forschungen auf dem Gebiet der Hirnzellen. Dabei wurde ein Proband mit Gehirnelektroden verknüpft, während ihm ein Joghurt zum Essen gereicht wurde. Er war sich in keiner Weise bewusst, dass dies bereits der Test war. Es wurde ihm *nicht* gesagt, dass er einen Light-Joghurt mit nur 0,2 % Fett erhielt. Sein Verstand wusste nichts davon, doch sein Körper reagierte mit starken Ausschlägen. Was der Verstand nicht ahnte, wusste der Körper sofort: Das Essen war unnatürlich verändert und wichtige Inhaltstoffe waren ihm entzogen worden. Zudem war es mit künstlichen Stoffen durchsetzt. Die Messwerte waren eindeutig: Es waren deutliche Stressausschläge zu sehen. Der Körper reagierte also mit Ablehnung auf das Light-Produkt. Der Körper wusste, dass er mit einem veränderten Nahrungsmittel versorgt wurde, was nicht seiner gesunden Wahrnehmung entsprach. Bereits im Mund analysiert der Körper die Inhaltsstoffe und aktiviert die entsprechenden Verdauungsenzyme und Drüsenausschüttungen im Körper.

Dies macht deutlich, dass der Körper sich nicht täuschen lässt. Der Verstand mag zwar meinen, er könne den Körper manipulieren, doch tatsächlich weiß dieser genau, was in sein Schwingungsfeld dringt. Er spürt zum einen, dass eine Täuschung stattfindet, und zum anderen fühlt er sich nicht geachtet, was auf der Gefühlsebene zu innerer Trauer führt.

Die innere Wahrnehmung bei der Nahrungsaufnahme sollte deshalb nicht unterschätzt werden. Sie resultiert aus bereits bekannten Erfahrungen sowie aus dem Bedürfnis nach genussreicher und guter Nahrung. Auch der Genuss ist sehr wichtig für den Menschen und bedeutet gefühlsmäßiges Wohlbefinden. Dieses Gefühl ist nicht eingebildet und kann auch nicht unterdrückt werden. Es ist unbestechlich, was die Ausschläge auf den Monitoren klar aufzeigen. Daher sollte die Bewusstseinskomponente beim Essen weitaus stärker beachtet werden, als dies bisher der Fall ist.

Dieses Beispiel verstärkt die Wahrnehmung vieler Menschen, die inzwischen sagen: „Bevor ich ein Light-Produkt esse, kaufe ich lieber einen „gescheiten“ Joghurt oder richtigen Käse und nehme einfach eine kleinere Portion. Dann genieße ich eben langsamer und esse weniger, aber ich habe die volle Wertigkeit und vor allem den vollen Genuss. Dann kann ich mich darauf freuen, was ich bei manchen geschmacksverirrten Light-Produkten nicht kann. Da ist das Essen eher eine Pflicht als ein Genuss.“

Will man den Stressausschlag des Körpers vermeiden, bietet sich dieses Vorgehen durchaus an. Doch auch in dieser Frage muss jeder seine eigene Entscheidung treffen und sollte daher versuchen, in seinem Inneren die richtige Lösung und den richtigen Weg zu finden. Je besser die Kommunikation mit dem Körper funktioniert, desto klarer sind auch dessen Impulse vernehmbar. Dann kann in Harmonie mit der Astralebene die richtige Lösung bezüglich der Wahl der Lebensmittel getroffen werden.

VII. SUCHTVERHALTEN

Mit Suchtverhalten möchten wir in diesem Buch nicht krankhafte Zustände wie schweren Alkoholmissbrauch oder Drogensucht bezeichnen. Es sollen damit ganz alltägliche Situationen beschrieben werden, die sich mitunter als (Fr)Esssucht äußern. Darunter zählen Emotionen wie Demütigung, Frust, Stress, Einsamkeit, Langeweile, Unterdrückung, Zurückweisung, Beleidigung, ungelebte Bedürfnisse, Haften an alten Überzeugungen sowie Schmerzen und Liebesentzug, die sich alle als Sehn*sucht* nach Veränderung, als Sehn*sucht* nach Liebe oder als Sehn*sucht* nach Anerkennung äußern können. Dann gewinnt das Wort „Kummerspeck" im tiefsten Sinne des Wortes Bedeutung. Mitunter wird das Leben als leidvoll und lieblos betrachtet, und die Sehnsucht nach etwas Höherem erfüllt das Innerste. In den Tiefen menschlichen Seins strebt letztlich alles Sehnen Gott entgegen.

Wenn man den Sehn*suchts*-Gedanken in seiner ganzen Tiefe erfasst, dann ist in Wahrheit so manche Essgier eine Suche nach der vollendeten Liebe und göttlichen Erfüllung, die jeder Mensch tief in sich als den wahren Kern seines Wesens erfühlt. Erst mit seinem inneren Erwachen erkennt der Mensch seinen wahren Weg. Bis dahin wird er mit allerlei Prüfungen und Aufgaben konfrontiert, die es für ihn in Liebe zu lösen gilt. Nahezu alle Menschen durchleben diese verschiedenen Erfahrungen, in denen stets auch die passenden Lösungswege vorhanden sind.

Die Reaktionen unbewusster Teilbereiche des Menschen äußern sich innerhalb dieser Sucht-Thematik mitunter dadurch, dass sie einen Ausgleich und eine Art persönliche Wiedergutmachung darin zu finden glauben, indem sie sich auf den Genuss von Essen stürzen. Diese Bereiche glauben ernsthaft, *sie hätten nichts anderes.* Es wird dann im Essen die fehlende Liebe gesucht. Es wird ein Genuss angestrebt, der den entstandenen Schaden durch die unangenehmen Gefühle wieder ausgleichen soll. Doch ist dies nur eine Überdeckung, nicht eine wirkliche Bearbeitung der inneren Situation.

Manchmal wird der Alltag mit den täglichen Anforderungen und Pflichten als solche Bürde empfunden, dass auch hier der Genuss durch das Essen als Ausgleich für diese Widrigkeiten herhalten muss. Auch in diesem Fall haben innere Felder sich die nächstmögliche Lösung gesucht und die Problematik einfach mittels Genuss auszugleichen versucht.

Seit uralten Zeiten ist die Erfahrung im Menschen gespeichert, dass eine ausreichende und gute Nahrungsaufnahme den Inbegriff von Wohlstand und Zufriedenheit darstellt. Gemeinsame Feiern und freudige Anlässe wurden stets mit gutem Essen gekrönt. Genussvolles Essen wurde mit Gemeinschaft, mit Freude und liebevollem Miteinander in Verbindung gebracht. Lange Arbeitsperioden und entbehrungsreiche Lebenssituationen wurden mit einem Festmahl würdig abgeschlossen. Feiern und gutes Essen waren somit stets ein Ausdruck positiver Lebenserinnerungen. Diese positive Programmierung ist seit vielen Leben tief im menschlichen Zellbewusstsein verankert. Es ist Bestandteil aller Erinnerungen unserer Ahnen oder stammt aus eigenen früheren Inkarnationen, in denen Ähnliches erlebt wurde. Feiern und gutes Essen bedeuten somit immer Freude und Gemeinschaft.

Vor diesem Hintergrund wird klar, warum sich die unterbewusste Zellerinnerung so schnell auf die alten positiven Erfahrungen besinnt und diese jetzt wieder in den Lebensalltag bringen möchte. Bereits die Erinnerung an frühere positive Lebenserfahrungen löst sofort Wohlbefinden aus, und bestimmte Zellen reagieren sofort mit der Ausschüttung von Glückshormonen. Findet der Mensch keinen anderen Weg zu innerer Zufriedenheit und Wohlbefinden, versteift sich dieses Zellgefüge immer mehr auf die Nahrungsaufnahme – und die „Sucht" ist definiert.

Doch das freudvolle und genussreiche Essen löst nicht die Problematik oder die Schwierigkeiten des Alltags. Sie werden überdeckt, während die geistige Suche im Inneren, die sich nach dem wahrhaft Höheren sehnt, davon nicht berührt wird.

Es soll durch diese Aussagen in keiner Weise das Feiern und die Freude am Essen, besonders zu gemeinschaftlichen Anlässen oder Veranstaltungen, berührt werden. Das Erlebnis guten Essens und der Genuss ist ein wichtiger Bestandteil des menschlichen Lebens. Es geht uns ausschließlich darum, das innere Gefüge wieder darzustellen, welches sich als Aufgabe der Lebensbewältigung dahingehend umprogrammiert hat, dass es die Lösung aller Probleme und den Wunsch nach Glücksgefühlen im Essen sucht und somit an der wahrhaften Lösung vorübergeht.

Innerhalb dieser Fehlprägungen ergibt sich ein weiteres Problem, das für die Gewichtszunahme von entscheidender Bedeutung ist: Die Überdeckung schmerzlicher Empfindungen des Alltags durch den Genuss von Essen geschieht in vielen Fällen *nicht* mit gesunder Nahrung.

Bei Gelüsten richtet sich das Augenmerk oftmals auf ganz spezielle Lebensmittel. So entsteht beispielsweise Lust auf Gebratenes, da in den verwirrten Zellen, die in diesem Moment wirken, das Gebratene als Inbegriff für gute Gefühle steht. Man kann grundsätzlich davon ausgehen, dass intensive Gelüste, die sich auch als Gier äußern, fast immer von fehlgesteuerten Zellen ausgelöst werden. Ein wahrhaftes Bedürfnis des Körpers zeigt sich auch als Gefühl, ist jedoch bedeutend zarter und fordert vom Menschen nicht mit starker emotionaler Macht seine Befriedigung.

Fühlt man solche Gier, kommt sie nicht von einem wahrhaften Bedürfnis des Körpers. Vielmehr wird deutlich, dass der Mensch in diesem Moment keinen Kontakt hat zur wahrhaften Körperintelligenz, die sein Leben steuert, sondern von Forderungen beherrscht wird, die für einen gesunden geistigen Weg nicht hilfreich sind.

Es handelt sich um Fehlprogrammierungen, die nicht der Gesundung dienen, sondern ihre ganz eigenen Befriedigungen suchen. Mit der Zeit ziehen sie artgleiche fremde Energien an, was sie weiter verstärkt und den Zugang des Menschen hinsichtlich einer Umprogrammierung erschwert.

Ein weiterer Aspekt der Gewichtszunahme ist die Basis der körperlichen Energiematrix. Immer wieder kann man bei übergewichtigen Menschen feststellen, dass die Energieebene zwischen dem grobstofflichen und den feinstofflichen Körpern gestört ist. Kurz gesagt: Der Körper und die Seele schwingen nicht zusammen. Ihre Verbindung ist teilweise blockiert oder verzerrt, und der energetische Austausch kann nicht erfolgen. Dann versucht das Unterbewusstsein des Menschen, diesen Mangel an Energie mit der Aufnahme von Nahrung zu kompensieren. Doch kann Nahrung nie jene feinstoffliche Kraft ersetzen, welche diese gesunde Verbindung von Körper und Geist, in Harmonie mit den Schwingungen von Mutter Erde, für den Menschen darstellt. Dann wird auch in diesem Falle der Mangel zur Sucht – denn *hinter jeder Sucht steckt immer ein Mangel.*

So kann auch die Trennung vom Partner oder der Verlust beziehungsweise Auszug der Kinder zu solchen Trennungsschmerzen führen, dass der Mensch diesen Kontakt- und Liebesmangel mit Esssucht kompensieren möchte.

Die nachfolgenden Kapitel werden einige Hintergründe beleuchten und mit geeigneten Gebeten versuchen, eine Umprogrammierung des Unterbewusstseins zu erreichen. Zusätzlich geht es um eine stärkere Nähe zu seiner geistigen Führung, die den Menschen mit mehr Energie, mehr Lebensfreude und Liebe erfüllt.

Auch der Alkohol spielt beim Thema Sucht eine große Rolle. Es sind weitaus mehr Menschen, als in den Statistiken auftauchen, mit dem Problem des Alkohols konfrontiert. Dies kann sich ganz unterschiedlich äußern, je nach Typ und innerer Kraft. Manche Menschen stürzen sich aus großem Schmerz in den Alkohol, manche schlittern durch langsame innere Fehlprogrammierungen immer tiefer in eine Alkoholabhängigkeit. Tiefe Prägungen in der Kindheit sind meist ebenso Bestanteil von Alkoholsucht wie Hoffnungslosigkeit oder eine so große Menge an unverarbeitetem Leid oder alter Schuld, dass der Mensch glaubt, er käme nicht anders damit zurecht, als seine Überforderung im Alkohol zu ertränken. Eine Lösung ist dies selbstverständlich nie.

Gegen den Genuss von Alkohol in Maßen und in Abständen ist sicher nichts einzuwenden. Problematisch wird es erst dann, wenn der Alkohol stetig und *um seiner Wirkung willen* getrunken wird. Dies ist ein ganz entscheidendes Merkmal beim Trinken von Alkohol. Hier sollte man sich immer wieder prüfen; denn wird Alkohol um seiner Wirkung willen getrunken, wird die Wahrnehmung und die Wahrhaftigkeit des Menschen unterdrückt und verdrängt, was nie zu einer Lösung von Lebensproblemen führen kann. Der Mensch flüchtet vor den bestehenden Herausforderungen und will sie nicht wirklich anschauen.

Durch den Alkohol löst sich fasernweise und mit der Zeit auch in größerem Umfang die Verbindung zwischen dem materiellen und dem feinstofflichen Körper. Die Zufuhr geistiger und ätherischer

Energien wird gestört, was mit der Zeit auch hier zu Mangelzuständen führt. Dies verursacht im weiteren Verlauf die oben erwähnte Problematik, dass Leib und Seele nicht mehr zusammenschwingen. Die höheren Seelenessenzen können nicht mehr voll zur Geltung kommen. Neben der körperlichen Zerstörung erfolgt auch eine Bewusstseinsveränderung, der Verlust von Selbstkontrolle und der Ausschluss der höheren geistigen Energien.

Alkohol liefert dem Menschen nur „leere“ Kalorien. Um dieses Körpergift wieder abzubauen, wird die Leber stark beansprucht und verbraucht beträchtlich mehr Vitamine und Mineralien. Dies ergibt in der Folge auch hier einen Mangel, der, wenn er nicht mit einer gesunden Lebensweise wieder regeneriert wird, einen weiteren Umschwung in den Zellen verursacht, weshalb das Unterbewusstsein mitunter glaubt, seinen Mangel sogar mit noch mehr Alkohol decken zu können.

Ein weiterer wichtiger Aspekt ist das Anhaften von „fremden Energiewaben“. Bei vielen Menschen hängen sich beim Genuss von Alkohol häufig fremde Suchtwaben an, die in großer Fülle im Äther- und Astralbereich vorhanden sind. Sobald dann Alkohol getrunken wird, haben sie bereits nach kurzer Zeit einen Resonanzfaktor im Körper des Menschen, können sich anhaften und mit der Zeit eindringen. Dann verursachen diese fremden Energiewaben „Fressgier“ und Maßlosigkeit, die schon bald kaum noch zu beherrschen sind. Für derartig negative Energiefelder ist ein solches Geschehen wie ein Festmahl und ein Gelage, da sie sich von diesen Ausstrahlungen ernähren. Der Mensch muss danach mit den Pfunden, der inneren Leere und dem mitunter schlechten Gewissen umgehen, da er in seinem Inneren spürt, dass hier etwas nicht mit rechten Dingen und außerhalb der Ordnung zugegangen ist.

Doch auch hier ist die geistige Führung immer gegenwärtig und greift helfend und heilend ein, wenn der Mensch das Problem erkennt, sich liebevoll nach oben wendet und um Hilfe bittet. Zusammen mit großem persönlichen Einsatz und dieser lichtvollen Hilfe ist alles zu schaffen.

VIII. TRANSFORMATION AUF DER ZELLEBENE

Wenn man die Abstrahlung und Energieaufnahme der Zelle betrachtet, zeigen sich zwei wichtige Aspekte. Auf der körperlichen Ebene weiß man, dass die Zellen Stoffe von außen aufnehmen sowie Abfallstoffe oder auch spezielle Proteine, die sie produzieren, wieder abgeben. Es erfolgt eine Aufnahme und eine Abgabe, je nach Aufgabe und Spezialisierung der Zelle.

Für unsere Erläuterung ist die Betrachtung der Versorgung der Zelle ausschlaggebend: Nährstoffe werden zu- und verbrauchte Stoffe wieder abgeführt. Der gleiche Vorgang erfolgt im feinstofflichen Bereich. Licht- und versorgende Energie wird zu- und verbrauchte Energie wieder abgeführt. So wie alle Abfallstoffe oder nicht mehr benötigte Substanzen des Körpers immer von weiteren Lebewesen oder Naturformen aufgenommen und weiterverwertet werden, ist es auch mit den feinstofflichen. Energieeinheiten verwerten die feinstoffliche Abgabe, und je klarer und reiner diese Energien bereits sind, umso mehr trägt der Mensch auch in diesem Bereich zur Versorgung und Erhöhung der feinstofflichen Umwelt bei.

Nimmt der Mensch aus der Nahrungskette unreine Nahrung auf, etwa Essen, welches mit lebendiger Nahrung in Form von Korn, Obst oder Gemüse kaum mehr etwas zu tun hat, schockverzerrtes Fleisch oder vor allem nährstoffarme Produkte, wird der Körper in seiner materiellen Form unterernährt und unrein. „Man ist, was man isst." Die Versorgung ist nicht mehr gegeben und Schad- und Schlackenstoffe, die man sogar riechen kann, durchsetzen den Körper. Man weiß heute, dass ein älterer Mensch teilweise mehrere Kilos Verdauungsreste und Schlacken in seinem Darmtrakt und Gewebe ansammeln kann, die nicht mehr ausgeschieden werden. So ist es genauso wichtig, neben der geistigen Arbeit auch die Arbeit mit der Nahrung auf sich zu nehmen. Neben dem körperlichen Entschlacken geht es darum, gleichzeitig auch die emotionalen und gedanklichen Strukturen zu überprüfen. Dies ist in der heutigen Zeit der gesellschaftlichen Transformation, in der auch die Ebenen des Körpers verwandelt werden, besonders wichtig.

Durch die Gesetze der Resonanz können sich andernfalls wieder feinstoffliche Waben anhängen, die der Mensch dann mit sich herumträgt und ernährt. Auch dies kostet Lebenskraft und verringert die höheren Essenzen, während jene Fremdenergien immer wieder versuchen, Einfluss auf den Menschen zu nehmen.

Sich nährstoffreich zu ernähren und auf die wirklichen Bedürfnisse des Körpers zu achten, ist eine segensreiche Aufgabe, die stets mit einer positiven Reaktion des Körpers und des Geistes beantwortet wird. Erfolgt dies ohne Pedanterie und Sturheit, sondern aus wahrer Erkenntnis heraus, dann fließt die Energie leicht und verkrampft sich nicht gleich bei jedem „Fehltritt", der sich gar nicht immer vermeiden lässt oder manchmal sogar bewusst ausgeführt wird. Mit Freunden, mit der Familie oder auch einmal alleine zu schlemmen, sollte durchaus im eigenen Ernährungsprogramm enthalten sein. Mit Liebe und Freude ausgeführt, hinterlässt es keine drastischen Spuren in Form überflüssiger Pfunde. Mit dem notwendigen Bewusstsein kann der Energiehaushalt schnell wieder ausgeglichen werden.

Wenn man seine Ernährung umstellt und an den natürlichen Bedürfnissen ausrichtet, kann es immer wieder vorkommen, dass unbewusste innere Teilbereiche in Zweifel und Angst geraten. Dann kann sich ein Rückschlag einstellen, und die Sucht nach Fettem, Süßem, Knusprigem oder Gebratenem macht sich breit. Verzagen Sie dann nicht, sondern zeigen Sie Geduld und Liebe mit sich selbst. Rückschläge, besonders am Anfang einer Veränderung, sind ganz normal. Nehmen Sie diese hin und bemühen Sie sich einfach weiter. So wie ein weiser Ratschlag für den geistigen Weg lautet: „Der Mensch kann fallen, es ist wichtig, wieder aufzustehen." Reagieren Sie am besten nicht mit einem schlechten Gewissen, sondern gehen Sie einfach unermüdlich und unverzagt weiter. Es sind meist nur einzelne Aspekte des eigenen Seins, welche sich noch einmal verkrampfen. Erfahren sie Liebe und Zuwendung, können sie schnell wieder in Harmonie geschwungen werden.

Bei einem ansonsten liebevollen und gesunden Umgang mit dem eigenen Körper kann dieser auch einmal ein, wenn möglich hochwertiges, Fertigessen tolerieren. Wenn man sich dabei bewusst macht, dass auch darin lebendiges Essen enthalten ist, kann man mit einem Gebet und in Dankbarkeit für die Speise das Essen mit lichtvoller Energie tränken, was es auch „dem kleinsten Karöttchen" ermöglicht, sein Bestes zu geben. Die inneren Essenzen werden aufgespalten und die ätherischen Energien freigesetzt. Liebe löst alle Schranken, und selbst die maschinellen Schwingungen, die durch die Produktion vielleicht das Essen durchziehen, werden mit Liebe durchdrungen.

Man kann sich die Versorgung einer Zelle mit folgendem Bild veranschaulichen:

GESUNDE ZELLEINHEIT:

Feinstoffliche Versorgung der Zelle (ätherische Energie)

Gesundes
Mittelmaß

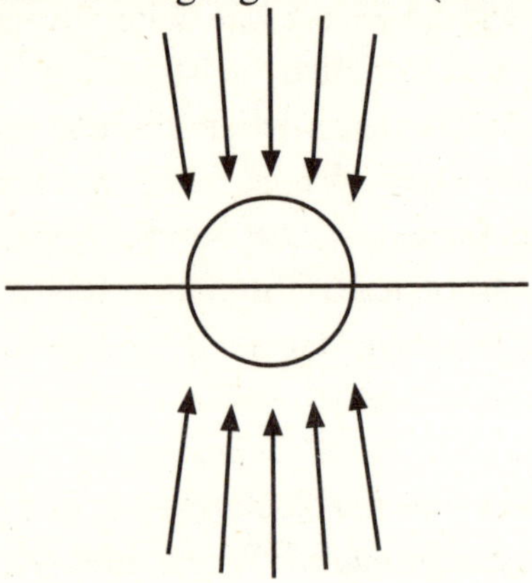

Stoffliche Versorgung der Zelle mit allen Vitaminen, Mineralstoffen und Spurenelementen

Überall auf der Zelloberfläche, der Zellmembran, befinden sich hochsensible Rezeptoren, die speziell für das Andocken bestimmter Stoffe zuständig sind, welche zum Erhalt des Lebens notwendig sind.

Das gesunde Mittelmaß zwischen grobstofflicher und feinstofflicher Energie ist unbedingt notwendig, da sich ansonsten ein Mangelzustand einstellt. Fehlt die Versorgung der feinstofflichen Energie, verarmt die Zelle. Sie wird anfällig und schwach. Ihre Abstrahlung ist weniger lichtvoll, die hohen Lebensessenzen verringern sich. Sie versucht dann, von der stofflichen Seite mehr Energie abzuziehen, in der Hoffnung, dadurch mehr lebendige Licht- und Liebesenergie zu erhalten. Je geringer jedoch die Zufuhr dieser feinen Energien für die Zelle wird, desto intensiver übt sie Druck aus, um an Energie zu gelangen. Dies kann sehr schnell in massiven Dauerhunger oder

Suchtverhalten gegenüber bestimmten Stoffen umschlagen, da die Zelle glaubt, davon Energie zu bekommen. Sind Fehl-Programme im Unterbewusstsein vorhanden, üben diese sehr schnell weiteren Druck und Zwang auf die emotionale Seite des Menschen aus.

Fehlt die stoffliche Versorgung über die Nahrung, versucht die Zelle selten, diese aus den höheren Ebenen auszugleichen; denn dies hat sie noch nicht gelernt. Mit dem nötigen Bewusstsein und der Verbindung in die höheren Ebenen ist so etwas aber durchaus möglich, vielleicht nicht für die derzeitigen Körper, aber schon bald wird sich hier das Energieverhältnis verändern.

Im Normalfall wird bei Energiemangel auf die weitere Versorgung mit Nahrung zurückgegriffen. Der Mensch bekommt Hunger. Doch leider hat sich hier an diesem Punkt häufig eine große Verschiebung der Wahrnehmung eingestellt. Über unterbewusste Programme, aus Kindheitserinnerungen oder aufgrund einer verzerrten Wahrnehmung wird die Zelle fehlgeleitet, und ihre Rezeptoren sind dann nicht mehr auf Vitalstoffe und lebendiges Essen, im Sinne von frischer, naturnaher Nahrung, eingestellt, sondern die Rezeptoren der Zellen sind teilweise mutiert und verlangen beispielsweise nach Sahnetorte oder etwas Fettem, da sie erlebt haben, dass sich früher schon durch diesen Genuss Wohlbefinden und Freude eingestellt hat und gleichzeitig der Bedarf an feinstofflicher, lustvoller Energie kurzfristig gedeckt wurde. Dann drückt sich der Bedarf des Menschen nach liebevoller Zuwendung über die Rezeptoren der Zellen aus. Diese schütten Glückshormone aus, wenn sie dieses Verlangen gestillt bekommen, was wiederum das Programm unterstützt, dass es dem Menschen mit diesem „Stoff“ gut geht.

Hier muss eine Umstellung und eine Transformation der Zellen stattfinden, da sie einem Fehlprogramm unterliegen. Die Zellen werden von sich aus diesen Weg beschwerlich finden. Hier liegt es am Menschen, einzugreifen und die Unordnung wieder in eine innere Ordnung zu verwandeln und die Weisheit des Körpers zu entfalten.

IX. DIE MACHT DER GEDANKEN

Die Macht der Gedanken wird in den meisten Fällen weit unterschätzt. Die Gedankenkraft ist eine der stärksten Kräfte, die der Mensch aktivieren kann. Sie kann Glück und Freude bringen, aber auch Kummer und Leid.

- Die Gedankenkraft selbst ist neutral!
- Jeder erschaffene Gedanke hat den starken Antrieb, den erhaltenen Auftrag zu erfüllen.
- Je öfter ein Gedanke gedacht wird, umso stärker wird er und umso größer das Gedankengebilde.
- An der Form lässt sich in der Aura oft schon der Inhalt erkennen. Ein Gedanke der Liebe ist weich, schön und wohlgeformt; ein Gedanke aus Hass sieht unangenehm aus, ist unförmig, spitz oder eckig, je nach Inhalt auch mit üblen Zacken.
- An der Farbe eines Gedankens lässt sich in der Regel bereits die innere Einstellung erkennen. Die Farbe Rosa ist liebevoll, Hellblau ist Gläubigkeit, Hellgrün eine Heilfarbe; Braun dagegen ist Neid und Missgunst, Schwarz steht für Hass und Grau für Trauer oder Depression. Die darin enthaltenen Emotionen kann man mit der Farbe wahrnehmen.

Nicht immer sind die Gedankengebilde so klar und eindeutig. Da die menschlichen Erlebnisse meist mit vielen unterschiedlichen Gefühlen einhergehen, sind auch die entsprechenden Gedankengebilde vielfältig. Manchmal sind sie noch mit Zweifel behaftet oder Misstrauen. Oder die Gedankengebilde befinden sich bereits in der Aufarbeitung, dann sieht man schon hellere Stellen darin keimen.

Zwang ausübende Gedankenmuster sind mit niederen Emotionen behaftet und können sich wie Schlangengebilde um einen Menschen schlingen, wenn dieser von außen attackiert wird. Die Schöpfungen von Gedankenformen sind ungeheuer vielfältig, und es bedarf einer sorgfältigen Beobachtung, um ihre innere Botschaft und Absicht zu entschlüsseln.

Jeder Denkende ist für seine Gedanken verantwortlich. Besonders in der jetzigen Zeit werden sehr viele alte Gedankengebilde aufgelöst und verarbeitet. Dies gilt für einen Menschen persönlich oder auch für ein kollektives Gebilde, etwa eine Staatsform, die sich in der heutigen Zeit nicht mehr halten kann. An solchen planetarischen Veränderungen sind sehr viele Menschen beteiligt, ob sie in der gleichen Kultur wiederverkörpert sind oder nicht.

Hinsichtlich der Thematik von Zu- und Abnehmen zählen vor allem aufgebaute Gebilde aus früheren Leben oder Gedankeninformationen aus der Kindheit sowie mit der Zeit sich verstärkt habende Fehleinstellungen, innere Ängste und Sorgen, welche die Ursache für Essstörungen sein können. Von der Auflösung solcher Gebilde handeln die nächsten drei Kapitel. Dabei geht es vor allem darum, das Bewusstsein dafür zu stärken, welche große Kraft dem Menschen innewohnt und welche Möglichkeiten ihm gegeben sind, zu jeder Zeit und zu jeder Stunde sein ganzes Leben und seine inneren Einstellungen zu verändern. Die Macht dafür liegt im Menschen selbst. Wichtig ist allein die innere Verbindung zu seiner geistigen Führung und zu seinem eigenen höheren Selbst, damit er sich nicht neues Karma schafft, sondern das alte effektiv auflösen kann.

Das folgende Beispiel zeigt, wie stark die Macht der Gedanken werden kann, auch wenn sie dem Menschen in seiner Auswirkung gar nicht bewusst ist.

Hannelore ist seit acht Jahren verheiratet und hat ihr Leben ihrer Familie mit ihren beiden Kindern Julia und Marko gewidmet. Mit großer Hingabe erledigte sie tagein tagaus die anfallenden Arbeiten im Haushalt, kochte, putzte und tätigte die Einkäufe. Sie mochte diese Arbeit und ging ganz darin auf. Ihre gesamte Aufmerksamkeit war seit der Geburt ihrer Kinder auf diese ausgerichtet. Sie beengte ihre Kinder mitunter, doch hielt sich diese Über-Bemutterung in Grenzen. In dieser Hinsicht war sie sehr glücklich. Ganz anders gestaltete sich die Beziehung zu ihrem Mann. Sie verstanden sich zwar gut und konnten alle Probleme besprechen, doch mit ihrer intimen Beziehung war es schlecht bestellt. Als die Kinder sehr klein waren, hatte Hannelore Angst, die Kinder nicht zu hören, sollten sie nachts schreien. Sie war sehr verantwortungsbewusst und stellte ihre persönlichen Bedürfnisse hinter jene der Kinder zurück. Das kann ganz in Ordnung sein, wenn man nach einiger Zeit den Absprung wieder schafft und auch an sich denkt.

Hannelore zog jedoch in ihrem Inneren ihre Energien der Aufmerksamkeit und Zuneigung immer mehr von ihrem Mann ab, um sie den Kindern nicht vorzuenthalten. Das hatte zur Folge, dass ihr Körper immer weniger den Wunsch verspürte, sich ihm hinzugeben, wodurch das Verlangen nach körperlicher Liebe bald vollständig erlosch. Sie empfand es nach einer Weile sogar als Zeitverschwendung und lästig und wollte sich nicht mehr damit beschäftigen. Ihr Unterbewusstsein spürte diese Ausrichtung und erfüllte ihren Wunsch. Es glaubte, dass Männer eine dickleibige Frau nicht mehr attraktiv fänden und somit das sexuelle Interesse nachlassen würde. Es aktivierte den Körper von Hannelore, in kurzer Zeit eine große Menge an Gewicht zuzulegen, was es ihrem Mann tatsächlich erschwerte, Hannelore als sexuell begehrenswert zu betrachten. Das Unterbewusstsein hatte somit das Ziel erreicht und die inneren Wünsche von Hannelore in die Tat umgesetzt. Ihre Gedanken und Wünsche waren somit Realität geworden, wenngleich sie sich weder die Intensität noch die Tragweite ihrer inneren Ausrichtung bewusst gemacht hatte.

Es ist sehr wichtig, sich klar zu machen, dass man in dieser Zeit des großen Wandels nicht eigenwillig vorgehen sollte, also nicht ohne die innere Gewissheit, dass die eigene innere Absicht in Harmonie mit der geistigen Führung steht. Jeder Eigenwille wird in der Zukunft keinen Bestand mehr haben. Wer im Eigenwillen verharren will, wird die neue Erde mit ihrer liebevollen Schwingung nicht schauen können.

Das heißt nicht, dass der Mensch bereits vollkommen sein müsste. Ganz sicher nicht, denn dies betrifft wohl nur sehr wenige, wenn überhaupt jemanden auf diesem Planeten. Es geht um das Bemühen und um das Streben: Fehler machen wir alle, und wir müssen nicht perfekt sein. Das Lernen geht auch nach einem Erdenleben immer noch weiter. Wenn man feststellt: „Oh, da habe ich meine Energie ja nur eingesetzt, um meinen Willen zu bekommen!“ hilft bereits diese Erkenntnis und das aufrichtige Bemühen, die eigenen Absichten zu überprüfen und sein Leben am göttlichen Plan auszurichten. Man kann zu jeder Zeit neu beginnen, sein Leben im Einklang mit den göttlichen Gesetzen zu leben.

Es sollte aber nicht der Eindruck entstehen, man sei im Gebet nur noch ein Bittsteller und demütig Flehender, ohne eigene Willenskraft, und das Leben stelle ein lust- und freudloses Dahinsiechen dar. Das genaue Gegenteil ist der Fall. Seit Urzeiten will man dem Menschen vormachen, dass er grundsätzlich schlecht sei, dass er aufgrund seiner Sünden in die Hölle komme und bei Ungehorsam und Eigenwillen in das Fegefeuer geworfen werde. Doch diese Aussagen haben mehr mit priesterlichem Machtmissbrauch sowie mit Unterdrückung und Egoismus zu tun, als mit der Wahrheit. Natürlich können schlechte Absichten und Begierden nichts Gutes hervorbringen, doch sind die meisten Menschen in ihrem Inneren um einen Weg zu Gott bemüht, auch wenn er noch mit so manchem Fehler behaftet ist. Fehler darf der Mensch machen, auch wenn sie noch so schlimm erscheinen. Erkennt er die Wahrheit und möchte er sich verwandeln, stehen ihm alle Hilfen aus der geistigen Welt zur Verfügung.

Begeht ein Mensch jedoch auch nach seiner Erkenntnis die gleichen Fehler weiter, bereits mit dem klaren Bewusstsein, dass sein Weg falsch ist und voller Lieblosigkeit, dann entstehen tatsächlich schwere Folgen für den Betreffenden. Wer mutwillig böse handelt, gibt der geistigen Welt ein deutliches Zeichen. Doch soll diesen Sonderfällen hier nicht weiter nachgegangen werden.

Für den Normalmenschen führt der Weg zur Freiheit des Geistes sowie zu einem reinen Fluss der Körperenergien. Auf diesem Weg steht die geistige Welt immer bereit und freut sich, wenn sie gerufen wird und mithelfen darf.

Leider hat sich durch die Unterdrückung seitens der Machthaber aus alten Zeiten im Menschen kollektiv eine gewisse Zurückhaltung ergeben, die dem Menschen den Glauben an seine Gedankenkraft verwehrt. Diese innere Beschränkung gilt es aufzuheben, im klaren Bewusstsein, dass es die Kraft Gottes ist, die uns diese Energie schenkt.

Gott wünscht sich für den Menschen das Beste und möchte ihm jeden Wunsch erfüllen. Stehen diese Wünsche in Harmonie mit der höheren Führung, schaden sie keinem anderen Menschen oder irgendeinem Lebewesen und entspringen sie nicht dem egoistischen Eigenwillen, kann eine höhere Kraft einwirken und die Wünsche und Gedanken Wirklichkeit werden lassen. Es ist dabei wichtig, sich bewusst zu machen, dass alle Wünsche, die aufrichtige Wünsche sind und keine Forderungen, von der geistigen Führung mit der Zeit verwirklicht werden. Sobald es aus geistiger Sicht möglich ist und zudem alle energetischen Lasten diesbezüglich aus früheren Leben aufgelöst sind und keine Erkenntnisse mehr gewonnen werden müssen, wird der Wunsch erfüllt. Allerdings läuft der Mensch oft Gefahr, dass er zu übermütig oder die Demut verlieren würde; dann kann die geistige Führung einen Wunsch natürlich nicht erfüllen. Doch dies geschieht immer zum geistigen Vorteil des Menschen, auch wenn er es aus seiner Sicht noch nicht verstehen mag.

Je freier ein Mensch in seiner Entwicklung wird, je stärker seine innere Haltung auf dem Weg in eine höhere Ordnung ist und je liebevoller er mit sich selbst, seinem Nächsten und mit Gott umgeht, desto mehr Freiheit bekommt er. Doch auch Freiheit will erlernt sein, und der Eigenwille muss zu Lebzeiten immer beachtet werden.

Deshalb ist es wichtig, sich zu prüfen und bereit zu sein, einen Wunsch auch einmal nicht erfüllt zu bekommen, wenn noch bestimmte Altlasten damit behaftet sind. Dann ist der Mensch wahrhaft auf dem richtigen Weg. Sobald die Energie frei ist, werden sich die persönlichen Ziele und Wünsche jedoch verwirklichen lassen.

Der Mensch verfügt über die Kraft, sich selbst zu transformieren. Er kann Altes loslassen und verarbeiten und sich gemäß seinen neuen Zielen verändern.

- Wichtig ist das Bewusstsein der eigenen Situation und der Wunsch nach Veränderung in Harmonie mit der geistigen Führung.
- Der Gedanke der Veränderung muss klar definiert sein, jedoch mit der inneren Bereitschaft, einen höheren (göttlichen) Willen zu akzeptieren.

- Die Gewissheit darf wachsen, dass wir eine göttliche Kraft in uns aktivieren dürfen, zu der alle Menschen Zugang haben.

Sind diese Voraussetzungen erfüllt, kann der Mensch in sich fühlen, dass sein Wunsch und seine Kraft identisch sind mit der höheren Energie. Dann löst sich jegliches Getrenntsein immer mehr auf – und es entsteht Einheit. *Diese Einheit ist das Ziel allen Seins.* Den einstigen Sturz aus der göttlichen Welt, den alten Fall aus dem Paradies, die alten Zersplitterungen in die diversen Lebensformen wieder aufzuheben und in die alte Ordnung zurückzukehren – bleibt Ziel allen Lebens. Nur Menschengesetze, die der Unterdrückung und Machtausübung dienen, wollen den Menschen klein halten. Die Engel sehen im Menschen immer auch das Lichtwesen, das jeder Einzelne ist. Sobald die sogenannten Untugenden überwunden sind und das Gespür für die Vollkommenheit der Liebe zur Grundlage geworden ist, strömt die göttliche Kraft ungehindert in den Menschen ein. Dann wird nicht mehr das Ego aufgebläht oder der Eigensucht gefrönt, sondern dann wird jeder Mensch ein „friedvoller Krieger für das Licht“ sein.

X. GEISTIG-ENERGETISCHE HINTERGRÜNDE

In diesem Kapitel werden zuerst jene Hintergründe angesprochen, die in sehr vielen Fällen entweder einzeln oder in Kombination immer dann anzutreffen sind, wenn eine seelische oder körperliche Disharmonie besteht oder die angestrebten Ziele nicht einfach zu bearbeiten sind. Sie stellen Blockierungen dar, die, solange sie ungelöst bleiben, die inneren Prozesse oder Neuausrichtungen des Menschen stören. Auch bei Krankheiten körperlicher oder seelischer Natur tauchen diese Belastungen immer wieder auf. Deshalb ist es sehr wichtig, bevor ein Problem aufgearbeitet werden kann, sich in Liebe und Hingabe an die geistige Führung zu wenden.

Es sind oft nur kleine Störungen, doch in der Addition könnte das Gefühl aufkommen, vor einem Berg von Aufgaben zu stehen. Wenn man sich das meist denaturierte Leben der Menschen bewusst macht und betrachtet, wie weit sich der Mensch kollektiv in den Eigenwillen manövriert hat, ist dieses Gefühl nicht weiter verwunderlich. Man sollte auch nicht außer Acht lassen, dass jeder Mensch sehr viele Leben gelebt hat und dadurch einige Verhärtungen im Feinstofflichen entstanden sind. Noch zu keiner Zeit standen dem Menschen so viele Hilfen zur Auflösung bereit wie in der Gegenwart. Noch nie war sich der Mensch seiner selbst so bewusst, wie er das heute ist. Das kollektive Bewusstsein erwacht, und die Möglichkeiten für Erkenntnis, Ablösung und Aufarbeitung sind sehr groß.

Geben Sie nicht auf, sondern gehen Sie ohne Stress mit den verschiedenen Aufgaben um. Sie können sich einen Bereich für jede Woche vornehmen oder alle drei Tage einen, je nachdem wie viel Zeit Sie sich nehmen möchten. Fühlen Sie Stress, dann bleiben Sie ruhig, denn in diesem Fall reagiert meist einer der angesprochenen Bereiche, und nicht selten hängen auch fremde Energien daran, die nicht gehen, sondern ihre Beeinflussung aufrechterhalten möchten. Atmen Sie dann ruhig, und haben Sie Vertrauen in die geistige Führung. Mit der Bitte um Hilfe an sie, dürfen sie jederzeit zu uns kommen, um mit sehr viel Liebe und Einfühlungsvermögen zu helfen.

Nehmen Sie sich für die einzelnen Schritte Zeit, in der Sie nicht gestört werden sollten. Zehn Minuten, bei Bedarf auch länger, sind ein guter Zeitrahmen. Sie können sitzen oder sich auch entspannt hinlegen. Lesen Sie die Gebete mit der inneren Zuwendung, legen Sie sich dann zurück oder setzen Sie sich bequem hin und schließen Sie die Augen. Atmen Sie einige Mal ruhig ein und aus und entspannen Sie sich am ganzen Körper. Spüren Sie, wie die Muskulatur ihre Spannung abbaut und Sie immer mehr in die Entspannung sinken. Lassen Sie einfach los, lassen Sie die Lebenskraft fließen. Bei einem kurzzeitigen Gefühl von Unruhe atmen Sie einfach ruhig weiter. Sie sind stets geführt und behütet, da die Gebete für eine Öffnung zu den hilfreichen Energien sorgen. Legen Sie Ihre rechte Hand über den Bauchnabel und Ihre linke Hand über das Brustbein in Herzhöhe. Dann verweilen Sie in dieser Ruhe und Verbindung einige Minuten.

Tauchen Verunsicherungen oder ungute Gefühle auf, lassen Sie diese einfach weiterziehen. Falls es die geistige Welt wünscht, dass Sie Bilder sehen sollen, werden Sie ihnen vor das innere Auge gestellt, doch in vielen Fällen geht es nur um die Auflösung, da der geistige Hintergrund schon erkannt wurde oder sich bereits in Bearbeitung befindet. Verweilen Sie so lange, bis Sie ganz ruhig geworden sind.

Atmen Sie einige Male kräftig ein und aus und öffnen dann die Augen. Bedanken Sie sich bei der geistigen Führung und bitten Sie um Schutz für Ihren weiteren Weg.

Wenn Sie das Gefühl haben, dass die einzelnen Bereiche genau auf Sie zutreffen, wiederholen Sie die Meditation mindestens drei Mal, besser jedoch so lange, bis keinerlei belastende Energie mehr zu spüren ist. Es ist wichtig, zuerst die einzelnen Bereiche für sich alleine durchzuarbeiten, bevor man die Meditation, die alle Bereiche enthält, übernimmt. Diese Meditation, die am Schluss dieses Kapitels beschrieben wird, kann auch für verschiedene andere Situationen genutzt werden; etwa bei Überarbeitung und Stress oder wenn Sie sich nicht wohl fühlen und Ihre Energieströme harmonisieren möchten.

1. HARMONISIERUNG VON MÄNNLICH – WEIBLICH

In dieser Zeit der großen Wandlung werden alle Energieströme immer mehr zu einer umfassenden Einheit verbunden. Man kann dies auch anhand der internationalen Bemühungen der Welt betrachten, in denen sich immer mehr Länder und Völkergruppen zusammenschließen, oder im Kleinen bei Firmen und Arbeitsgruppen, die kooperieren, um ihre Potenziale zu erweitern. Doch weltpolitisch bereiten die verschiedenen Entwicklungen große Probleme, denn die Vorstellungen sind oft so unterschiedlich, dass in unserer eigen-willigen Welt eine Einheit kaum vorzustellen ist. Die größte Schwierigkeit zeigt sich dabei darin, dass sich hinter manchem vordergründig großartig nach Einheit und Brüderlichkeit rufenden Menschen in Wahrheit das Bestreben verbirgt, sich selbst mit Macht zu versorgen. Nicht der Mensch oder die Welt sind wichtig, sondern die Bestrebungen Einzelner nach Profit, Ansehen und Macht. Unter diesen Voraussetzungen kann eine Einheit nie gelingen.

Doch hinter allen Vorgehensweisen der Welt arbeitet in den höheren Ebenen eine ganz andere Kraft. Diese ist so wundervoll getragen von Nächstenliebe und dem Wunsch nach Miteinander, dass es sich der Mensch kaum vorzustellen vermag. Noch mag den

Mächten der Dunkelheit der eine oder andere Schachzug gelingen, doch in der Zukunft werden die Wege anders aussehen. Es kommt jetzt schon sehr vieles „ans Licht“, doch in der Zukunft wird nur bestehen bleiben, was sich auf eine höhere Ordnung ausgerichtet hat. Allein das Streben nach den höheren Werten zählt, die Suche nach wahrer Gemeinschaft und Einheit im Herzen. In den höheren Welten zeigt sich die Einheit immer deutlicher – und dies ist die einzige Wahrheit. Das Getrenntsein auf dieser Erde ist eine Illusion, die es zu erkennen gilt. In Wahrheit herrscht eine Einheit zwischen allem Seienden, die geprägt ist von Liebe und Weisheit.

In früheren Zeiten haben sich zahlreiche Engelwesen dem Menschen in männlicher oder weiblicher Form gezeigt, da das damalige Bewusstsein die Wahrheit der Einheit von männlich und weiblich meist noch nicht verstanden hätte. Erst heute finden wir die dahinterliegende Einheit der männlichen und weiblichen Aspekte eines höheren Wesens. Noch im antiken Griechenland waren androgyne Wesen gottgleich. Sie waren weder männlich noch weiblich, sondern einfach göttlich. Die verschiedenen Aspekte waren in ihnen vereint. Die Seele selbst ist ebenfalls weder männlich noch weiblich, nur die einzelnen irdisch inkarnierten Bereiche sind mitunter an ihre körperliche Erscheinungsform gebunden. Die energetischen Konflikte und auch die weltliche Fortpflanzung sind Bestandteile des Erdendaseins, doch in den höheren Welten sind sie nicht länger notwendig. Auch werden auf der Erde durch die Spannungen von männlichen und weiblichen Anteilen viele abgefallene, träge und lethargische Bereiche angeregt und einer Bestimmung entgegengeführt, welche im Einklang mit den höheren Ebenen steht.

Auch im Menschen selbst vereinen sich die äußerlich noch getrennten Aspekte im energetischen Bereich immer mehr. Das kräftige männliche Potenzial mit seiner Kühnheit und dem Forscherdrang vereint sich mit dem weiblich behütenden, schützenden, stark intuitiven Aspekt, der spirituell geöffnet ist und über einen intuitiven Zugang in die höheren Ebenen verfügt. Beide streben vereint nach der großen Einheit in allen Ebenen des persönlichen Seins.

Doch aus früheren Existenzen lagern über beiden Aspekten meist noch Energieblockaden, die es abzulösen gilt. Die rechte Gehirnhälfte, die dem männlich analytischen Aspekt zugeordnet ist, und die linke Gehirnhälfte, die den weiblich intuitiven Bereichen unterliegt. Das Kreuzen der Finger beider Hände im Gebet kann hier eine Einheit der beiden Gehirnhälften unterstützen. Deshalb sollten in der folgenden Meditation die Hände in dieser Weise verbunden und die Finger verschränkt sein. Oftmals sind gegenseitige Überlagerungen vorhanden, und das männliche dominiert das weibliche Moment – oder umgekehrt. Dies stört den Energiefluss und behindert die Harmonisierung, doch das Falten der Hände wirkt dieser Blockierung entgegen.

Um das Einswerden zu fördern, ist das nachstehende Gebet, verbunden mit einer Zeit der Meditation von mindestens zehn Minuten nach dem Lesen des Gebetes, sehr wirkungsvoll.

GEBET FÜR DIE HARMONISIERUNG VON MÄNNLICHEN UND WEIBLICHEN ASPEKTEN

Vollendete Einheit,
in großer Hingabe legen wir unser Sein in Deine Hände.
Bitte erfülle uns mit der Kraft Deiner Ordnung und
durchdringe uns mit der Energie Deiner göttlichen Einheit.
Wir bitten Dich um Auflösung aller Blockaden unserer männlichen und weiblichen Anteile
und bitten um Ordnung der Gehirnhälften und Energieströme.

Mögen alle alten Erlebnisse in Deiner Liebe geborgen sein und unser Wesen getragen von Deiner Führung.
Bitte lasse alles Fremde weichen und durchdringe uns mit Deinem Schutz.
Vertrauensvoll wählen wir den Weg zu Dir, zurück in die Einheit.

Mögen die Erfahrungen, die es noch zu machen gibt, getragen sein von Deiner Hilfe und die Erkenntnisse liebevoll in unser Innerstes dringen.
Wir streben zu Dir und erbitten Deinen Segen, tief in uns wissend, dass Du immer für uns da bist.
Von Herzen danken wir Dir für Deine Hilfe.

2. ANGLEICHUNG AN DIE SCHWINGUNGEN VON MUTTER ERDE UND DEN VIER ELEMENTEN

Auch die Erde, als sich entwickelndes Wesen, verändert sich in der heutigen Zeit. Sie steht kurz vor einer Schwingungserhöhung, die den ganzen Planeten und alles auf ihm erfassen wird. Viele Bereiche der Schöpfung werden eine große Verwandlung durchlaufen, die jedoch mit sehr viel emotionaler Unruhe einhergehen wird. Alles Leben, welches von dieser Schwingungserhöhung erfasst werden kann, wird mit angehoben – und das Leben wird eine drastische Veränderung erfahren. Noch scheint die Verwirrung Oberhand zu behalten, doch von innen betrachtet sieht es ganz anders aus. Hier herrscht Ordnung und wahres geistiges Streben. Es ist wichtig, mit diesen positiven Strömungen verbunden zu sein. Jeder Mensch, der in Liebe nach Harmonie strebt, wird von dieser Energie immer mehr getragen werden, die aus den höchsten Lichtwelten ausströmt.

Wenn es im Schwingungsfeld des Menschen noch alte negative Erfahrungen oder Blockaden gibt, dann können Sie die Verbindung mit den Energien von Mutter Erde und den vier Elementen stören. Es bedarf dann einer Verarbeitung, welche die Einheit wiederherzustellen vermag.

Nehmen Sie sich auch nach diesem Gebet eine Zeit der Ruhe und versuchen Sie, nicht gestört zu werden. Atmen Sie einige Male tief ein und aus und lesen Sie mit den „Augen des Herzens" und dem Sehnen nach dem LICHT das nachstehende Gebet. Versuchen Sie, das Gefühl der Liebe in sich wahrzunehmen.

Atmen Sie dann noch einige Male tief ein und aus, legen sich entspannt nieder oder setzen sich bequem hin. Legen Sie in dieser Meditation wieder die rechte Hand auf den Bauchnabel und die linke Hand auf das Brustbein in Höhe des Herzens. Schließen Sie die Augen und überlassen Sie sich Ihrer geistigen Führung. Sollten sich unruhige Energien zeigen, lassen Sie diese einfach weiterziehen, es sei denn, sie werden von Bildern begleitet, dann sollten Sie diese genauer betrachten.

Warten Sie, bis tiefer Friede Sie durchdringt. Atmen Sie dann einige Male tief ein und aus, um wieder in das Alltagsbewusstsein zurückzufinden – und öffnen Sie dann die Augen. Ein liebevoller Dank an Ihre geistige Führung wäre ein harmonischer Abschluss und ein guter Schutz für den Alltag.

GEBET AN MUTTER ERDE

Gott-Vater und Mutter-Erde,
von Herzen bitten wir um Einheit und Harmonie mit allen Schwingungen von Dir, Mutter Erde, und den vier Elementen Wasser, Feuer, Erde und Luft.
Wir bitten Dich, vollendete Gottheit, noch vorhandene Blockaden, negative Erfahrungen oder eigene irrige Vorstellungen von den vier Elementen aufzulösen,

damit wir in Liebe und Harmonie mit den lichten Wesen dieser Schöpfungsenergien schwingen können.
Bitte harmonisiere auch alle elektrischen und magnetischen Schwingungen unseres Wesens und vereine uns mit allen schöpferischen Energien.

Wir bitten als bereitwillige Mitarbeiter, denn wir wissen, dass es auch an uns liegt, die Christusliebe in unseren Herzen für Mutter Erde und die Engel der Elemente fließen zu lassen.
Bitte stehe uns bei und schenke uns die notwendige Kraft und Weisheit, um die Urkräfte der Erde zu ehren.

In tiefer Liebe bitten wir darum, das Geschenk der Erde und der Elemente, verbunden mit allem Leben auf dieser Erde, mit den Tieren, den Pflanzen, dem Mineralreich sowie den feinstofflichen Welten, erkennen zu können und in Harmonie mit ihnen zu leben.
Nicht nur das Empfangen dieser Gnade ist bedeutungsvoll, auch das Geben ist von Segen.
Von Herzen danken wir für Deine Unterstützung und bemühen uns, stets liebevolle Mitarbeiter am Großen Plan zu sein.

3. DIE HARMONISIERUNG DER AURA-FELDER FÜR DIE EINHEIT VON KÖRPER, SEELE UND GEIST

Eine Verschiebung der Aura-Schichten weist mitunter sehr viele Ursachen auf, die auch mit den darin enthaltenen Verkrustungen oder alten Bindungen im Zusammenhang stehen. Doch ist ein klarer Energiefluss von den untersten Aura-Schichten zu den höheren sehr wichtig. Deshalb sollte bei Bedarf immer wieder eine Harmonisierung durchgeführt werden. Ein freier Fluss der Energie ermöglicht den höheren Kräften einen besseren Kontakt, so dass sie besser in jene Bereiche einströmen können, die Unterstützung bei ihrer Aufarbeitung benötigen.

Auch die körperlichen Heilenergien können besser fließen, wenn die Aura-Felder harmonisiert und alle Schichten in eine höhere Ordnung eingefügt sind.

Ein weiterer wichtiger Aspekt ist die Verbindung von Körper, Seele und Geist. Sehr oft hat das feinstoffliche Wesen den *Kontakt zum Körper* in bestimmten Ebenen verloren. Diese Bereiche werden nicht gestärkt und geschützt durch die höheren Energien, weshalb es hier zu Krankheiten kommen kann. Alte, verkrustete Energien können dort anhaften und eine neue Ausrichtung und Veränderung des Menschen behindern. So sollte der Kontakt in alle Richtungen vorhanden sein, damit sämtliche Energien ungehindert strömen können.

Nehmen Sie sich nach dem Sprechen des Gebetes die Zeit für eine Meditation, in der Sie die rechte Hand auf den Bauchnabel und die linke über das Brustbein in Herzhöhe legen. Der Atem ist immer ein wichtiger Bestandteil der Meditation, da er den Menschen zuerst einschwingt in den Fluss der meditativen Energien und danach wieder in das Alltagsbewusstsein begleitet.

GEBET FÜR DIE HARMONISIERUNG DER AURA-FELDER

Höchste Schöpferkraft,
von Herzen bitten wir Dich um Unterstützung auf unserem Weg zu Dir.
Wir bitten Dich um Harmonisierung unserer Aura-Schichten,
der Äther-Aura, die unseren Körper als Gesundheitsaura umgibt,
der Astral-Aura, die unsere Emotionen beherbergt,
der Mental-Aura, in welcher die Gedanken schwingen,

der Kausal-Aura, die mit den höheren Ebenen unserer Seele verbunden ist,
und der Aura unseres Lichtkörpers, welcher mit den höchsten Lichtebenen vereint ist.
Bitte kläre und verbinde auch unsere Chakras als lichtvolle Energiewirbel mit allen Schichten unserer Aura.

Wir bitten dich um Auflösung aller Blockaden und sind bereit, Erkenntnisse anzunehmen, die vielleicht noch gemacht werden müssen, oder Energien aufzulösen, die es mit Deiner Hilfe noch zu verarbeiten gilt.

Wir bitten Dich um den freien Fluss Deiner Liebe, die von den höchsten Ebenen bis in die dichtesten Schichten unseres Seins dringt. Wir bitten Dich um die Verbindung von Körper, Seele und Geist, damit wir mit großer Kraft die neuen Wege beschreiten können.

Von Herzen möchten wir als Werkzeuge dienen, welche die Erdenergien mit den höchsten Energien der Himmel vereinen und als Träger der Christusliebe ihren Beitrag leisten im nahenden Aufstieg in eine höhere Ebene.

Aus tiefster Seele danken wir Dir für Deine Hilfe und erbitten Deinen Segen für uns und alles Leben auf dieser Erde.

4. EINE NEUE ZEIT BRICHT AN

Da sich auch die physischen Körper auf die Energien der neuen Zeit vorbereiten, zeigen sich bei der Befreiung von alten karmischen Strukturen immer wieder bestimmte Blockaden, die jetzt gelöst werden können. Auch bereiten sich die Schwingungen des Körpers für feinstoffliche Impulse vor, was bedeutet, dass die Kanäle, welche diese feinen Energien transportieren, vergrößert und gedehnt werden müssen. Wenn die erweiterten Wahrnehmungen zunehmen, wird dies ebenfalls mit gewissen Geburtsschmerzen verbunden sein.

Angesichts der bevorstehenden Ereignisse ist die veränderte Nahrungsaufnahme von großer Wichtigkeit. Unsere Körper, die sich bereits mitten in einer Umwandlung befinden, benötigen weniger grobstoffliche Nahrung als bisher. Dies hat nicht nur mit dem häufig anzutreffenden Mangel an körperlicher Bewegung zu tun, sondern vor allem damit, dass der Körper aus den feineren Ebenen mehr Energie beziehen kann. Die physische Ebene wird bereits verstärkt aus den feinstofflichen Ebenen versorgt und muss somit nicht mehr so viel grobstoffliche Nahrung zu sich nehmen, die den irdischen Energiekreislauf in Betrieb hält, dann aber wieder ausgeschieden werden muss. Der Austausch erfolgt bereits jetzt in stärkerem Maße aus den höheren Welten. Doch das Körperbewusstsein steht erst am Anfang seiner Verwandlung und Wahrnehmung und hat diese Veränderungen meist erst im Ansatz oder überhaupt noch nicht integriert. Hier ist noch viel Arbeit und eine intensive Zwiesprache mit der Körperebene erforderlich.

Ein weiterer wichtiger Aspekt ist die kollektive Erweiterung der feinstofflichen Wahrnehmungen des Menschen. Das mag sich noch wie Zukunftsmusik anhören, doch wird dies bereits von vielen Menschen bemerkt. Es gibt plötzlich gemeinsam auftretende Gedanken, indem man an jemanden denkt, der dann plötzlich anruft oder zu dieser Zeit anrufen wollte, oder Gefühle werden wahrgenommen, die gar nicht immer die eigenen sind. Vor allem bei Kindern kann man in letzter Zeit häufiger bemerken, dass sie nicht immer zurechtkommen mit manchen unangenehmen oder unguten Gefühlen. Erleben sie Aggression oder Traurigkeit in ihrem Umfeld, werden diese wie eigene Gefühle wahrgenommen und auch ausgelebt. Die Unterscheidung zwischen *außen* und *innen* hat sich noch nicht richtig eingestellt. Dies führt unweigerlich zu Verwirrungen.

Betrachten wir einmal die Vorgänge an einem Buffet. Haben Sie nicht selbst schon einmal erlebt, dass Sie sich plötzlich gestresst gefühlt haben, wenn Sie an ein wunderschön angerichtetes Buffet gegangen sind, um sich etwas zu essen zu holen. Sie gingen noch relativ ruhig hin, wollten die Speisen auf sich wirken lassen und begannen plötzlich zu hetzen. Gedanken wie: „Mein Gott, kann der da vorne nicht schneller machen“ oder „hoffentlich ist von dem guten Lachs noch etwas da, bis ich hinkomme“ oder „wenn die da vorne noch mehr auf ihren Teller bringt, bekommt sie einen Oskar“ und ähnliche Gedanken und Gefühle gingen Ihnen durch den Kopf.

Nicht selten hängen über solchen Buffets sehr viele Energieformen und Wesenheiten, die uralte Überlebensmechanismen im Menschen aktivieren und ein Kampfgeschehen auslösen möchten, von dessen Energie sie sich ernähren. Sie kennen keine andere Form der Energie-Aufnahme und sind sehr bestrebt, ihre Ziele zu erreichen. Meistens haben sie sehr großen Erfolg. Kaum jemand, und sei er noch so liebevoll, kann sich dieser Zugriffe erwehren, da sie auf das Überleben des Körpers zielen. Uralte Erinnerungen an Kämpfe der Menschen untereinander um Nahrung werden wieder aktiv, und auch Neid und Missgunst können aufsteigen. Der Einzelne hat das Gefühle, zu kurz zu kommen. Die Betroffenen sind dann besonders beeinflussbar, wenn sie entweder solche Kampfgeister selbst noch in sich tragen oder sehr sensibel sind. Bei beiden Ausrichtungen werden die Gefühlsfasern in Schwingung versetzt und die dazugehörigen Emotionen aktiviert.

In den feinstofflichen Bereichen um das Buffet kann man dann immer deutlicher sehen, dass jeder Mensch, der am Buffet von diesen Energiefeldern berührt wurde, diese vergrößert, indem er eigene Gedankenformen und Gefühlsaspekte zurücklässt. Die Felder werden desto besser gespeist, je mehr Menschen ans Buffet gehen und sich von den Energien mitreißen lassen.

Dagegen helfen nur Bewusstsein und Erkenntnis. Kaum ein Mensch ist ganz frei von solchen alten Mechanismen, und die immer stärker werdende Sensibilität ermöglicht das Weitere. Macht man sich jedoch die Hintergründe bewusst und kann sogar Verständnis und Liebe für die alten Energieformen entwickeln, ist man schon einen großen Schritt vorangekommen. Dann kann man die Impulse zwar nicht vermeiden oder verhindern, doch schnellstmöglich damit umgehen, ohne selbst diese Felder zu sehr zu speisen. Ein kurzes Gebet, das in solchen Momenten gesprochen wird, kann sogar helfen, wieder mehr Ruhe in den ganzen Saal zu bringen oder es den Menschen ermöglichen, ihre Energien wieder zurückzunehmen. Auch die alten Gedankenformen und Wesenheiten sind für ein Gebet dankbar, denn dann wird ihr Energiebedarf aus einer höheren Quelle gedeckt, und das ist der Weg, den sie alle mit der Zeit anstreben sollten. Ihr Inneres weiß dies bereits, doch können die Gedankenfelder es meist noch nicht umsetzen.

Lassen Sie bitte auch das nachfolgende Gebet tief in Ihr Wesen einwirken und geben Sie den Schwingungen bei einer nachfolgenden Meditation die notwendige Zeit, damit sie wirken können.

GEBET FÜR DIE KOMMENDE ZEIT

Höchster Schöpfer und vollkommene Liebeskraft,
aus tiefster Seele bitten wir Dich,
uns in diesen Zeiten des Wandels beizustehen.
Bitte hilf uns, alle Hürden zu meistern und, mit Deiner Liebe
gesegnet, den Weg immer weiter zu Dir zu gehen.

Bitte durchdringe unser Wesen mit Deiner Heilkraft und stehe
uns bei, um alle Schichten unseres Seins zu harmonisieren.
Bitte befreie uns von allen Anhaftungen, die wir uns im Laufe
der Zeit aufgeladen haben.
Stärke auch unseren Körper, damit er mit den neuen Energien
umgehen kann, und hilf uns bitte zu erkennen, was wir selbst tun
können, um bewusst daran teilzuhaben.
Bitte schenke uns die Weisheit,
um die Vorgänge um uns herum zu erkennen, und
das notwendige Verständnis, um liebevoll damit umzugehen.

Wir erbitten Deinen Schutz und Deinen Segen
für die Erneuerung des Lebens.
Von Herzen danken wir Dir für Deinen Beistand
und Deine Liebe.

5. WIEDEREINTRITT IN DIE GEGENWARTS-ZEITLINIE

Ein häufig anzutreffendes Phänomen im Energiefeld des Menschen ist eine Störung in der „Zeitlinie“. Es ist sehr wichtig für den Menschen, sich weder in der Vergangenheit noch in der Zukunft zu befinden. Zeit und Raum sind Konstrukte, welche für die Entwicklung der Seelen in einer materiellen Welt erschaffen wurden. Tatsächlich ist Zeit nicht real – und doch ist sie ein wichtiger Bestandteil für das Leben des Menschen. Um im Strom der Zeitenergie zu bleiben und weder an alten Energiegebilden der Vergangenheit zu hängen noch an Vorstellungsbildern der Zukunft, ist eine Harmonisierung dieses Bereiches sehr wichtig.

Bestehen unverarbeitete Situationen oder auch wunderschöne Erlebnisse in der Vergangenheit, sehnt man sich nach alten Zeiten oder lebt zu intensiv in der Zukunft, indem man denkt: „Wenn ich einmal schlank bin, dann kaufe ich mir wieder schöne Kleider, dann werde ich wieder begehrt, dann wird grundsätzlich alles besser", befindet man sich nicht im Bewusstsein der Gegenwart.

Dies muss gar nicht immer die gesamte Persönlichkeit des Menschen betreffen, es genügt schon, wenn Teilausrichtungen der Seele eine Verwirrung im Energiefluss von Vergangenheit, Gegenwart und Zukunft auslösen. In diesem Fall ist eine Harmonisierung grundsätzlich anzuraten. Dann sind die Teilbereiche wieder bereit, die Aufgaben im Hier und Jetzt zu bearbeiten, und die geistige Führung kann durch den geordneten Energiestrom wieder helfend eingreifen.

Auch die neuen Heilungsenergien können einen verzerrten Energiestrom der Zeitlinie nur schwer durchdringen. Energiefelder, die in der Vergangenheit oder in der Zukunft hängen, sind nicht ausgerichtet auf die Verarbeitungen der Gegenwart. Dann kann man diese Felder nicht beeinflussen, es gleicht dem Schreiben auf einer Tastatur, ohne den Zugang in die Datei geöffnet zu haben. Man kann nicht eindringen und das Programm verändern.

Nehmen Sie sich auch hier nach dem Sprechen des Gebetes Zeit für eine Meditation. Atmen Sie ruhig und lassen Sie mit geschlossenen Augen die auftretenden Schwingungen auf sich wirken und die geistige Führung für Sie tätig werden. In dieser Meditation ist das Falten der Hände ebenfalls vorteilhaft. Diese Haltung verbindet noch Unverbundenes, und Sie können die gefalteten Hände über den Solarplexus legen. So dringen Sie mit der neuen Ausrichtung besonders tief in unbewusste Schichten ein.

GEBET FÜR DIE ZEITLINIE

Ewige Schöpferkraft,

aus tiefster Seele bitten wir Dich um Harmonisierung unseres Wesens.
Auch wenn die Wahrheit ewig und Deine wahre Welt zeitlos ist, bitten wir Dich von Herzen darum, die Verwirrung in unserem Wesen hinsichtlich der Energien von Vergangenheit, Gegenwart und Zukunft aufzulösen.

Bitte lasse unser Wesen im Fluss der Weltzeit fließen und trenne alle Energieverbindungen, die unser Wachstum und unsere Erneuerung behindern.

Bitte stärke die schwachen Stellen in uns, die sich nicht auf die Gegenwart ausrichten möchten, und erfülle uns mit Kraft und Stärke für den Weg der Liebe zu Dir.
Von Herzen danken wir Dir für Deine Hilfe und Deine Liebe.

HARMONISIERUNG ALLER FÜNF BEREICHE

Wenn die oberen fünf Bereiche einzeln durchgearbeitet worden sind, kann dieses Gebet der Vereinigung aller fünf eine gute und effektive Hilfe sein. Lesen Sie es ruhig und entspannt, und lassen Sie die Energien danach mit geschlossenen Augen in tiefer Ruhe nachwirken. Auch hier ist es wieder sinnvoll, die rechte Hand über den Nabel und die linke Hand auf das Brustbein in Höhe des Herzens zu legen. Atmen Sie ruhig ein und aus.

GEBET FÜR DIE GRUND-HARMONISIERUNG

Höchste Liebe, vollendete Gottheit,
in Dankbarkeit und Demut legen wir unser Herz und unser Wesen in Deine Hände.
Bitte durchdringe uns mit Deiner Liebe, Deiner Weisheit und Deinem Segen.
Schenke uns die Kraft und Führung, die wir in diesen Zeiten so dringend benötigen.

Bitte stehe uns bei, in der Harmonisierung der göttlich-weiblichen und der göttlich-männlichen Aspekte in unserem Inneren.
Bitte vereine uns mit den Energien von Mutter Erde und mit den Schöpferkräften der Elemente.
Bitte kläre unsere Aura-Schichten und lasse unsere Energie-Zentren erstrahlen in Deinem Licht.
Schenke uns Vertrauen, Weisheit und Kraft, um die Veränderungen der neuen Zeit mit Deiner Liebe und in Harmonie zu Deiner Schöpfung bewältigen zu können.
Bitte erfülle unser Bewusstsein mit der Kraft des Jetzt
und unser Herz mit Liebe.

Wir wissen, dass Du stets mit uns bist, uns liebst und immer an unserer Seite stehst.
Wir danken Dir dafür und möchten in aufrichtiger Liebe auch unseren Beitrag dazu leisten.

XI. URSACHEN IN FRÜHEREN LEBEN

Wenn man sich immer wieder bemüht abzunehmen, es aber einfach nicht gelingen will oder sich als äußerst aufwändig und schwierig erweist, liegt die Ursache dafür nicht selten in einem früheren Leben. Dann sind entweder magische Verwünschungen, alte Flüche, einstige Schwüre oder noch immer belebte Gedankenformen, aufgeladen mit starken Emotionen, der Grund dafür, dass sich keine Veränderung ergeben kann. Die alten Vorstellungen und Kräfte sind noch stärker und drängen auf ihre Verwirklichung.

Manchmal reicht es auch nicht aus, diese alten Aufbauten einfach nur zu erkennen, denn sie sind häufig mit intensiven Prägungen behaftet. Man kennt dies aus der Magie oder auch aus Schwüren, die nicht selten lauteten:

„Wir wollen verbunden sein auf immer und ewig – sollte einer von uns dagegen verstoßen, soll ihn Unheil und der Tod ereilen." Oder : „Ich bin Dein auf ewig, sollte ich Dir untreu werden, soll mich Pestilenz oder der Tod ereilen." In alten Zeiten war dies oft gut gemeint, aber für die Entwicklung eines freien Geistes stellen diese Gelübde schwerwiegende Hindernisse dar, denn sie sind nicht auf das eine (damalige) Leben beschränkt, sondern verändern sich mitunter in ihrer Ausrichtung oder überlagern andere Bereiche des Lebens.

Sehr deutlich wird der „Verstoß" eines Menschen gegen ein altes Vorstellungsprogramm, wenn beispielsweise eine Mutter ihrer Tochter beibringt, dass man zu einer sonntäglichen Mahlzeit Suppe, Hauptgang und Süßes auftischen muss, dass das Frühstück immer die wichtigste Mahlzeit des Tages sei und man seinen Ehemann immer gut bekochen müsse. Ähnlich problematisch sind Vorgaben wie jene, man dürfe sich nicht in den Garten legen, um nicht vor den Nachbarn als faul dazustehen. Wer dagegen verstieß, galt als keine gute Ehefrau oder Mutter und konnte dafür bestraft und geächtet werden.

Über Jahre wiederholt und mit denselben Vorstellungen verstärkt, welche bereits die Ahnen teilten, kann daraus ein starker innerer Zwang werden, der durch die Kraft des Glaubens an seine Gültigkeit auch dann eintreten kann, wenn die Tochter diesem Programm nicht dient. Schließlich mag die junge Frau in ihrem jetzigen Bewusstsein erkennen, dass die Menge der Nahrungsaufnahme jedem Menschen selbst überlassen bleiben sollte und man seinen spontanen Impulsen vertrauen darf. Jeder Mensch darf die schönen Seiten des Lebens genießen und nach seinen Bedürfnissen kochen und essen. Gott schenkt dem Menschen alle Schönheit des Lebens, und beide, die Arbeit und die Erholung, sind gleich wertvoll. Doch trotz aller Erkenntnisse schafft es die Tochter vielleicht nicht, sich von ihren alten Zwängen des übermäßigen Kochens und der alten familiären Vorstellungen zu befreien, obwohl sie bereits in innerer Harmonie mit ihrer geistigen Führung schwingt. Das alte Programm besitzt noch immer Macht über sie und erwartet, dass sie seine Befehle befolgt.

Daher fühlt sich der Mensch schlecht, obwohl er das Richtige tut. Es dauert mitunter lange Zeit, bis solche Programme erkannt und gelöst werden können, wobei sie für das Wohlbefinden des Menschen eine schwere Bürde und Plage sind. Sie sind weder gewünscht noch entsprechen sie den Lebensvorstellungen des Menschen, aber sie haben eine gewaltige Auswirkung auf den Alltag. Nur ein genaues Beobachten und tiefes Einfühlen in die Vorgänge im Inneren kann die Situation erhellen und ein neues Bewusstsein herbeiführen, das stärker als die alten Prägungen ist.

Sind bei Schwierigkeiten mit dem Abnehmen alte Gedankenstrukturen oder magische Blockaden aus früheren Leben vorhanden, sind diese meist noch durch starke Behinderungen verstärkt, die etwa folgendermaßen lauten können:

- Auf immer und ewig!
- Bei magischen Handlungen: Außerhalb von Zeit und Raum.
- Bei dem Versuch, dagegen zu handeln, soll Krankheit eintreten.
- Bei Verstößen droht Unheil für die Person und ihre Familie.

Nicht selten werden genau diese magischen Zwänge in der Tiefe des Menschen erfühlt, und er blockiert selbst deren Auflösung, da sein Inneres Angst empfindet und genau diese Auswirkungen verhindern will!

Deshalb ist eine Auflösung solcher alten Blockaden ohne die Beachtung dieser strafbewehrten Sicherungs-Aufbauten kaum möglich.

Im feinstofflichen Feld wirken solche Aufbauten manchmal wie „Kokosnüsse“, deren Schale von alten Vorstellungen und Behinderungen so fest und dick ist, dass man an das innere Programm gar nicht herankommt. Hier ist es wieder wie mit den Computer-Dateien: Ist das Programm nicht geöffnet, kann der Mensch auf der Tastatur tippen, so viel er will, er kann die Eintragung nicht ändern. Erst wenn die Datei geöffnet ist, also in unserem Beispiel die Schale der Kokosnuss, kann ein neues Programm genutzt oder das alte gänzlich gelöscht werden.

Solche alten Strukturen können mit der Zeit aufgelöst und transformiert werden. Genau so, wie sie erschaffen wurden, können sie mit der Zeit verkleinert und gänzlich gelöscht werden. Das Bewusstwerden des Geschehens ist der erste Schritt, dann folgt die Auseinandersetzung damit und dann die Bearbeitung, damit im weiteren Verlauf, in Harmonie mit der geistigen Führung, die komplette Auflösung eingeleitet werden kann.

Kann diese geistige Arbeit mit Bewusstsein und einem inneren Verständnis für die Dinge ausgeführt werden, müssen alte Blockaden nicht mit Schmerzen als unbewusste Einschränkungen über einen langen Zeitraum hinweg abgelitten werden, sondern man kann viel schneller und effektiver vorgehen. Wird die geistige Welt gebeten mitzuhelfen, wird sie sofort mit großer Liebe den Menschen führen und diesen in seiner Aufgabe unterstützen. Die empfohlenen Gebete, aus der Kraft des Herzens gesprochen, schwingen den Körper, die Seele und den Geist auf die zu leistende Arbeit ein. Danach sollte sich eine Meditation anschließen, mindestens zehn Minuten, in denen entspannt und ruhig geatmet wird, um den heilenden Energien den Raum zu gewähren, den sie benötigen, um bei der Erneuerung mitzuhelfen. Auf diese Weise arbeitet der Mensch tatkräftig an seiner Entwicklung mit, und das Streben seines Geistes wird allmählich wahre Freiheit schenken.

In den nächsten Abschnitten wird auf verschiedene Blockaden, welche immer wieder auftauchen, detailliert eingegangen. Mit Hilfe der entsprechenden Gebete kann mit der Zeit eine Auflösung erfolgen. Diese Gebete können entweder jeden Abend oder zu bestimmten Zeiten gesprochen werden. Sie sollten in den Momenten genutzt werden, in denen sich ein starkes Verlangen oder Gefühlsmomente einstellen, die mit genau dieser Situation zu tun haben. Lesen Sie zuerst einmal die verschiedenen Beispiele und lauschen Sie dann auf Ihr Inneres, welches Beispiel genau zu ihnen passt. Vielleicht werden Sie bereits bei den ersten Worten berührt; oder Sie sind sich nicht schlüssig; oder Sie spüren genau, dass solche alten Belastungen bei Ihnen nicht mehr vorhanden sind. Lassen Sie sich von ihren Gefühlen und Intuitionen führen.

Machen sie sich jedoch bewusst, dass bei einer starken Ablehnung oder Verachtung bestimmter Beispiele es meist genau diese sein können, welche die Blockierung in ihrem System kennzeichnen. Dann wehrt sich vielleicht ihr Inneres aus Angst vor den genannten „Sicherungen", oder ein fremdes Energiefeld setzt sich zur Wehr, welches die Auflösung dieser alten Gedankenformen verhindern will, da diese ansonsten ihren Energiezuträger verlieren würden.

1. DICKSEIN BEDEUTET REICHTUM UND ANSEHEN

Vor allem in den arabischen Ländern war es in vergangenen Zeiten weit verbreitet, den Wohlstand, den Status und den Reichtum der Menschen daran zu erkennen, wie dickleibig, mitunter auch fettleibig, die Frauen waren. Waren sie wohlgenährt, war der Mann reich und konnte seiner Frau etwas bieten. Die Frau fühlte sich mit dem entsprechenden Gewicht somit von der Gesellschaft geachtet, was sehr wichtig war, und sie fühlte sich reich und geehrt. Dieses Sehnen nach Respekt und Anerkennung, welches in jedem Menschen steckt, möchte sich auch heute noch erfüllen, und wenn es dies durch Dicksein erreicht, wird es alles daransetzen, dieses Ziel zu verwirklichen. Wird Dicksein mit Ehre und Ansehen gleichgesetzt und kann der heutige Mensch dem unterbewussten Programm nichts Vergleichbares entgegensetzen, wird es alles versuchen, um sein Ziel zu erlangen. Wird dennoch gefastet oder Diät gehalten, werden die Ergebnisse sofort wieder vom Unterbewusstsein vernichtet, da sie nicht dessen Vorstellung entsprechen.

Es wäre ein Fehler zu glauben, dass dies nur Frauen in ihrer jetzigen weiblichen Form betrifft. Es kann genauso gut einen Mann angehen, der in diesem früheren Leben als Frau inkarniert war und heute als Mann. Der Wechsel des Geschlechtes innerhalb der Erdenleben ist häufig wichtig für die innere Reife und geistige Erkenntnis.

Man mag manchmal denken, die geistige Welt würde dem Menschen unter allen Umständen helfen. Doch darf man nicht vergessen, dass der Mensch dem freien Willen unterliegt und dieser von jedem höheren Wesen uneingeschränkt akzeptiert wird. Gibt sich der Mensch dann seinem Eigenwillen hin, was unbewusst immer wieder geschieht, dürfen die Engel nicht eingreifen. Bei starken eigenwilligen Blockaden, die beispielsweise aus Neid, Zorn oder Eifersucht entstanden sind, kann selbst die körpereigene Heilkraft nur schwach fließen, da die Energien dicht und undurchdringlich sind. Die Bitte an die höheren Kräfte öffnet dann das Portal, durch welches die Hilfe den Menschen erreichen und die Auflösung geschehen kann. Machen Sie sich diese Hintergründe bewusst und bitten Sie ihre persönlichen Helfer um Unterstützung.

Ein anderes Beispiel zeigt, wie stark alte Programme in das heutige Leben einwirken können. Eva-Maria litt schon seit langem an Verdauungsstörungen. Immer wieder wurde sie von heftigen Krämpfen in der Bauchgegend überrascht, die ihr manchmal stundenlang zu schaffen machten. Mit der Wärmflasche und etwas Druck auf den Darmbereich konnte sie diese Attacken immer wieder mildern, doch die Belastung durch Verstopfung und Darmkrämpfe setzte ihr stark zu. Dazu kam noch eine seltsame Verteilung ihrer überschüssigen Pfunde. An der Taille unter den Rippen war sie beträchtlich schmaler als an ihrer Hüfte und an den Schenkeln. Auch die Oberarme nahmen gerne an Gewicht zu, und sie kämpfte bereits seit ihrer Teenagerzeit mit ihrem Gewicht.

Hier zeigte sich bei der Rückschau in ein früheres Leben, dass die Belastung der seltsamen überschüssigen Pfundverteilung um Schenkel und Hüfte und die relativ schmale Taille darauf zurückzuführen waren, dass sie in diesem einstigen Leben die meiste Zeit ein viel zu enges Korsett getragen hatte, welches nicht nur den Darm einschnürte, sondern auch die Lungen presste. Alle Organe im Bauchbereich, inklusive Milz und Leber, wurden extrem eingeschnürt, der Magen konnte mit der Zeit kaum seine Arbeit bewältigen und Herz und Lungen wurden behindert. Um ihrem Status und ihrem Ehemann gerecht zu werden, hatte sich ihre damalige Persönlichkeit den ganzen Tag über in ein solches Korsett gezwängt, um den „Anforderungen" ihrer Gesellschaft gerecht zu werden.

Man konnte erkennen, dass sie im damaligen Leben bereits erkrankte und diese Krankheit tief in ihrer feinstofflichen Struktur eingegraben war. Sie starb unter großen Schmerzen an den Folgen dieser Darmverschlingung und Einpressung, und auch der Todesschock war noch nicht verarbeitet. So kann es nicht verwundern, dass ihr jetziger Körper von diesen Prägungen überschattet wurde.

Es dauerte lange Zeit, bis dieser alte Schock aufgelöst werden konnte. Ihre Neigung zur Zunahme an genau diesen Stellen blieb vorhanden, doch konnte sie ihr Gewicht besser halten, die Darmschmerzen blieben aus und ihre Lebensfreude wurde intensiver.

In solchen oder ähnlichen, mit dem Verstand nicht nachvollziehbaren Fällen kann folgendes Gebet helfen, welches, für mindestens vier Wochen täglich gesprochen, in die Tiefen des Unterbewusstseins dringen kann, um die alten Programme zu löschen.

Am wirkungsvollsten geschieht auch hier die Verarbeitung, wenn Sie sich danach noch mindestens zehn bis fünfzehn Minuten Zeit geben können, in denen Sie entspannt und ruhig atmen und die Energien fließen lassen. Dann können die höheren Energien besser einwirken, da der Mensch ihnen den notwendigen Raum gibt. Legen Sie bei Meditationen, die in die Bereiche der Vergangenheit gehen, beide Hände über das Brustbein in Höhe des Herzens. Legen Sie die Hände einfach übereinander, so wie es für Sie am bequemsten ist.

GEBET ZUR AUFLÖSUNG ALTER PROGRAMMIERUNGEN

Höchste Schöpferkraft,
von Herzen bitte ich Dich, mein Innerstes zu berühren.
Aus tiefster Seele bitte ich Dich
um Auflösung aller alten Programme,
die noch in meinem Wesen enthalten sind, sowie aller alten
Schmerzen und Prägungen.
Bitte stärke mein Innerstes mit dem Wissen,
dass nur Deine Liebe zählt,
dass Deine Kraft mein Wesen berührt
und die leeren Stellen im Herzen füllt.

Bitte lösche alle alten Vorstellungsbilder und Anhaftungen,
welche die Freiheit meiner Seele behindern
und meiner Gesundheit entgegenstehen.
Bitte erfülle mich mit Freude und Klarheit,
um dem Ruf meiner Seele zu folgen,
ohne von längst vergangenen Vorstellungen
und Schmerzen bedrängt zu werden.

Bitte schenke mir Freiheit, damit ich das wahre Bedürfnis
meines Körpers erkennen und erfüllen kann.

Von Herzen danke ich Dir für Deine Liebe und Deine Führung
und werde mir alle Mühe geben,
um Deine Wahrheit in meinem Herzen zu erfühlen.

2. MAGERSUCHT ODER BULIMIE

Es gibt Menschen, deren Stoffwechsel so konstruiert ist, dass sie einfach nicht zunehmen. Bestimmte Proteine verhindern das Aufbauen von Fettreserven, so dass sie sozusagen auf immer schlank sind. Darüber würden sich in der heutigen Zeit viele Frauen und Männer freuen, doch gerade in den zuvor beschriebenen Gesellschaften war dies ein Fiasko. Wie kann man der Welt zeigen, dass man Reichtum besitzt und der Ehre würdig ist, wenn die Frau nicht zunimmt? Wenn sie ein dürres „Gestell" bleibt (was bei Jugendlichen oft anzutreffen ist) und beim Zugreifen abzuknicken droht? In solchen Fällen wurden nicht selten Elementale erschaffen, welche die Körper auf „Zunahme" programmieren sollten. Diese Elementale sind Energieeinheiten, welche aus Gedanken und Emotionen erschaffen wurden und sehr stark sein können. Möchten solche Elementale in einem neuen Leben wieder wirksam werden, entstehen oftmals starke Verwirrungen, in denen der Körper mit Widerwillen oder schlechtem Gewissen auf alles Essbare reagiert. Dann erreichen die alten Konstrukte in einem neuen Leben genau das Gegenteil, da sich der Mensch gegen diese Beeinflussung wehrt, jedoch nicht den Grund dafür weiß.

Man trifft heute auch Frauen an, die in einem früheren Leben, in anderen Kulturen, beispielsweise Tempeltänzerinnen waren, die mit ihrer schlanken jugendlichen Grazie die Gemüter bewegten und die Götter ehrten. Es waren meist junge Mädchen, welche, sobald sie frauliche Züge annahmen, aus diesem Dienst ausgesondert wurden. Dies bedeutete einen herben Verlust, und sie verloren dadurch nicht selten ihren eigenen Status oder den ihrer Familie. Darum war es extrem wichtig, lange schlank zu bleiben. Auch hier haben sich diese jungen Mädchen, nicht selten mit der Hilfe von Magiern, ebenfalls Elementale erschaffen, die sie im Schlankbleiben unterstützen sollten.

Bulimie oder Magersucht können auch mit einer Gefangenschaft in einem früheren Leben zu tun haben. Der Bedarf und zugleich der Ekel am Essen können hier ihre Ursache haben. Wir gehen im nächsten Absatz noch einmal darauf ein.

Je nach Programm will diese alte Energie auch in einem neuen Leben den gleichen Effekt erzielen. Wird dennoch gegessen, wird dies sofort als Zuwiderhandlung gegen das Elemental gewertet und das Essen soll wieder herausgebrochen werden, damit nichts ansetzen kann. Der Körper jedoch ist auf sein Überleben bedacht und reagiert daher mit Angst und dem Zwang, unbedingt essen zu müssen, was sich dann durch heftige „Fressattacken" äußern kann. Dann setzt wieder das Wirken des alten Elementals ein – und der Teufelskreis beginnt erneut.

Es lassen sich generell verschiedene Lebensinhalte aus vergangenen Zeiten erkennen, die alle darauf ausgerichtet waren, dass der Mensch schlank bleiben musste. Selbst bei Kindern wurde durch Nahrungsentzug das Wachstum behindert, damit sie entweder gut durch kleine Fenster in fremde Häuser eindringen konnten, um einer Diebesbande die Türe zu öffnen, oder sie mussten mager sein, damit sie zum Kaminreinigen durch die schmalen Schlote passten.

Ein junges Mädchen, welches in ihrem früheren Leben solch ein Kaminkehrerjunge war, trug ein erschaffenes Elemental bei sich, welches sie immer dann strafte, wenn sie gegessen hatte. Diese alte Gedankenform trug das Programm der Strafe in sich und setzte sofort ein, sobald gegessen wurde. Für das heutige Mädchen führte das dazu, dass sie alles wieder herausbrach, was sie zu sich genommen hatte. Starke Emotionen von schlechtem Gewissen und ein Gefühl, nicht geliebt zu werden, begleiteten die Attacken.

Magie war im Mittelalter ein weit verbreitetes Phänomen; doch nicht nur die Magie war sehr effektiv. Ein starker Eigenwille (der im Grunde nichts anders ist als Magie, nur ohne Rituale) sowie absoluter Glaube und persönliche Hingabe erschufen immer wieder Gedankengebilde, getränkt mit intensivster Emotion, die auf bestimmte Aufgaben ausgerichtet waren. Diese werden zumeist nach dem leiblichen Tod nicht aufgelöst, sondern verbleiben so lange, bis sie erkannt und transformiert werden. Nicht selten enthalten sie Abspaltungen aus der Seele jenes Menschen, der sie erschaffen hat. Es sind dann Teilbereiche des Menschen in diesen Elementalen enthalten, die wieder zurückgeführt werden müssen, denn das Gebilde kann erst dann aufgelöst werden. Nicht immer werden sie dem Menschen von der geistigen Führung gleich im Folgeleben zur Auflösung gegeben. Es können Jahrhunderte bis Jahrtausende dazwischen liegen. Haben sich in der heutigen Zeit ähnlich ausgerichtete Elementale dazugesellt oder zusammengeschlossen, wird die Auflösung besonders schwierig, da eine starke Kraft konzentriert dagegen kämpft.

Manchmal hat der Mensch, der heute mit diesen alten Gedankenkonstrukten umgehen muss, diese gar nicht für sich selbst erschaffen. Er war anderen Menschen dabei behilflich, ihre Ziele zu verwirklichen. Trotzdem ist er mitverantwortlich, diese wieder aufzulösen.

GEBET ZUR AUFLÖSUNG ALTER MAGISCHER HANDLUNGEN

Höchster Schöpfer,
von Herzen bitte ich Dich um Auflösung aller alten erschaffenen Vorstellungen, aller Gedankengebilde, aller Emotionen und Wesenheiten, die ihren alten Zielen folgen und nicht in Deiner Liebe schwingen.
Bitte durchdringe sie mit Deiner verwandelnden Kraft und löse sie auf durch die Weisheit deiner Schöpfung.

Bitte lasse alle menschlichen Seelenanteile darin an ihren ursprünglichen Platz zurückkehren, damit sie sich entwickeln können und der Mensch wieder eins wird.
Bitte durchdringe die alte Magie, das alte Ego, mit der Wärme Deiner Liebe, mit der Weisheit Deines Wesens
und löse alle Energiefelder auf,
die nicht in Deiner Liebe schwingen.

Bitte schenke mir den inneren Impuls, den ich noch benötige, damit ich selbst meine Anteile daran erkennen kann und sie durch Deine Liebe aufgelöst werden.
Bitte stehe allen Menschen bei, die noch irgendwie daran beteiligt sind, und schenke uns allen Kraft und Weisheit, um in der Zukunft mit dieser Erfahrung umzugehen.

Aus tiefstem Herzen danke ich Dir für Deine Liebe und Hilfe.

3. KONKURRENZNEID

In früheren Zeiten gestaltete sich die Suche nach einem geeigneten Heiratspartner nicht immer einfach. Heutzutage kann man sich an vielen Orten mit anderen Menschen treffen, und es leben auch beträchtlich mehr Menschen in viel größeren Gemeinschaften zusammen. Es gibt Tanzlokale, Discotheken und Veranstaltungen, bei denen sich viele Menschen kennenlernen können. Schon die Schulen ermöglichen einen großen Bekanntenkreis. Standesunterschiede, die noch in alten Zeiten zu vielen Hindernissen führten und große Zwänge beinhalteten, sind heute weitgehend abgeschafft. Der Besuch eines anderen Dorfes oder einer Stadt geschah eher selten, und die wenigen Möglichkeiten waren schnell ausgeschöpft.

So konnte es geschehen, dass eine „gute Partie" nicht leicht zu bekommen war, weshalb alle Mittel eingesetzt wurden, um dieses Ziel für sich selbst oder auch für seine Kinder zu erreichen. So wurden eine Frau oder ein Mann, als entsprechend richtige Partner, teilweise von mehreren Anwärtern oder Anwärterinnen begehrt.

Innerhalb dieser starken Konkurrenzkämpfe wurden nicht selten auch magische Praktiken zu Hilfe genommen. Bestimmte Worte wurden zu magischen Formeln umgebildet und mit Hass und Vernichtung aufgeladen.

Dies ergab dann Verwünschungen folgender Art:

- Du sollst fett werden und ungestalten; Krankheit und Siechtum soll dich erreichen.
- Deine Haare sollen dir ausfallen; und deine Haut soll grau und krank werden.
- Deine Kraft soll weichen und dein Ansehen stürzen.

Der Wahl der schlechten Wünsche sind wohl keine Grenzen gesetzt gewesen, doch hatten sie alle das gleiche Ziel: Der Konkurrent, die Konkurrentin sollte ausgeschaltet werden. Wurde solch ein Vorgehen von den Betreffenden bemerkt, hatte dies nicht selten zur Folge, dass ein sogenannter „Gegenzauber“ eingesetzt wurde, der das gleiche Ziel – nur in die Gegenrichtung – hatte. Deshalb gibt es selten nur Opfer. Doch egal in welche Richtung diese negativen Energien gesandt wurden, wenn sie noch vorhanden sind, ist es an der Zeit, diese aufzulösen.

Manchmal regierten auch der pure Neid, Hass oder Missgunst, und anderen Menschen wurden solche bösartigen Energieeinheiten an „den Hals“ gewünscht. Haarausfall hat neben aktuellen Stoffwechselvorgängen nicht selten seine Ursache in solchen alten Flüchen und Verwünschungen.

Auch wenn keine sichtbaren Zeichen für solche alten magischen Geschehnisse zu erkennen sind, ist es immer sinnvoll, eine Freisprechung in beide Richtungen zu erbitten und im Gebet die Energien einer höheren Macht zu übergeben.

Sorgen Sie dafür, dass Sie nicht gestört werden. Setzen Sie sich oder legen Sie sich hin, lesen Sie das Gebet mit einer Bitte aus dem Herzen und atmen Sie ruhig und entspannt. Schließen Sie dann die Augen und übergeben Sie Ihr Inneres der höheren Führung. Lassen Sie es einfach geschehen und atmen Sie ruhig. Entspannen Sie Ihre Muskulatur und fühlen Sie die Entspannung in sich. In manchen Fällen kann die Atmung plötzlich etwas schneller werden oder Unruhe setzt ein, da die alten Energien berührt werden. Dies ist ganz normal, da das Wahrnehmen von alten Belastungen dem Körper immer Stress verursacht. Haben Sie einfach Vertrauen! Lassen Sie die höheren Kräfte gewähren, und atmen Sie entspannt weiter. Ihre Führung weiß ganz genau, wie viel Energie für Sie heute zur Verarbeitung ansteht, und wird Sie nicht mit mehr Arbeit beladen, als Sie bewältigen können. Nach kurzer Zeit werden Sie spüren, wie die innere Hilfe arbeitet und wieder Ruhe in ihre Gefühlswelt einkehrt. Legen Sie während der Meditation, im Anschluss an das Gebet, wieder beide Hände über das Brustbein, da der Zugriff auf alte Muster somit besser gewährleistet ist.

Sicher trifft nicht jede Situation auf Sie persönlich zu. Überlassen Sie die Wahl der Gebete Ihrer inneren Führung. Vertrauen Sie auf Ihr Gefühl, und wählen Sie mit der Weisheit Ihres Herzens aus, welcher Hintergrund Sie anspricht oder auch nicht. Wenn Sie sich nicht sicher sind, lassen Sie einfach los. Das Wollen behindert die Intuition. Vertrauen Sie auf Ihr Inneres und warten Sie auf eine Antwort. Sie wird kommen. Manchmal muss das Gespür für diese Dinge erst wieder erlernt werden. Je öfter Sie sich darum bemühen, umso mehr Kraft erhält dieser Weg, und mit der Zeit werden Sie immer sicherer bezüglich ihrer Wahrnehmung.

GEBET ZUM ABLÖSEN ALTER VERWÜNSCHUNGEN UND FLÜCHE

Höchste Schöpferkraft und vollendete Liebe,
aus tiefster Seele bitte ich Dich um Deine Hilfe
und Deinen Segen.

Wir bitten dich um die Auflösung aller alten Verwünschungen
und Flüche,
aller negativen Gedankenformen von Neid und Missgunst.
Bitte hilf uns bei der Auflösung von allem Negativen,
das wir selbst ausgesprochen haben oder das über uns ausgesprochen worden ist.
Bitte stehe uns bei, das Alte loszulassen und zu verarbeiten und
erfülle uns mit Gesundheit und der Kraft Deines Friedens.
Mögen Aggression und Missgunst schwinden und Weisheit einkehren.
Wir möchten unser Sein mit Deiner Liebe erfüllen und bitten
Dich um Deinen Segen.

Bitte löse alle unguten Verbindungen zu anderen Seelen und
schenke ihnen und uns die Gnade Deiner Freiheit und Liebe.

Löse alles Lieblose in unserer Aura auf und lasse alles Fremde
weichen, welches sich nicht Deiner Liebe anzupassen vermag.
Möge das Christuslicht hell in unserem Herzen strahlen und
auch auf unser Umfeld ausstrahlen.

Von Herzen danken wir für Deine Liebe.

4. AUFENTHALT IM KERKER ODER SONSTIGE GEFANGENSCHAFT

Es dürfte allgemein bekannt sein, dass Gefangene in früheren Zeitaltern sicher nicht so gut versorgt wurden, wie dies in der heutigen Zeit geschieht,. Doch das Grauen war meist noch weitaus schlimmer, als man sich dies vorstellen kann. Viele Häftlinge bekamen kaum Nahrung, und wenn doch, dann nur solche, die man anderen Menschen nicht mehr geben konnte. Sie war teilweise halb verwest, verschimmelt oder mit Ungeziefer behaftet. Sie war der Inbegriff von Grauen, und doch mussten die Gefangenen mit solcher „Nahrung" fertig werden. Es ist mehr als verständlich, dass sich hier Traumata gebildet haben. So kann eine starke Antipathie gegen Essen entstanden sein, mit intensiver Ablehnung für alle Arten von Nahrung. Was in sehr vielen Fällen auch geschah, war, dass durch das starke Verlangen nach Nahrung Wunschvorstellungen und Gedankenformen gebildet wurden, die etwa den Inhalt trugen: „Wenn es mir eines Tages einmal besser gehen sollte, werde ich nur noch essen!" So wurde gutes Essen zum Inbegriff von Freiheit und dem Willen zu überleben.

Das beste und schönste Essen erfüllte das Vorstellungsvermögen. Süßes, Torten und Cremes, gebratenes Fleisch, Teigwaren und allerlei Schlemmereien stellte sich der bedauernswerte Häftling jener Zeit als Gedankenbilder und Wünsche vor. Aufgrund der Länge der Haft oder des Lebens als Gefangener konnten diese sehr ausgeprägt sein. Dabei entstehen sogenannte Elementale, die auf ihre Verwirklichung drängen. Diese sind besonders intensiv, wenn sie mit dem Überlebenstrieb verbunden sind. Verhungert solch ein Gefangener, ist ein solches Elemental besonders mächtig. Dann wird das Essen zum Inbegriff des Lebens, und das Innere des Menschen verfolgt nur ein Ziel – zu essen, zu essen, zu essen. In einem neuen Leben wird es sehr schwer, diesen Überlebensängsten entgegenzuwirken, da sie sich auf nichts einlassen möchten, sondern nur ein Ziel verfolgen. Meist ist dies den Menschen natürlich nicht bewusst, da die Programme tief im Unterbewusstsein verankert sind. Derart „programmierte" Personen können nicht verstehen, warum sie unter einem solchen Esszwang leiden und ihn nicht kontrollieren können.

Es gibt eine große Zahl von Menschen, die in einem ihrer früheren Leben einen Mangel an Nahrung durchleiden mussten. Ganze Völkergruppen wurden vertrieben, die Menschen hatten keine Arbeit, Kinder wurden früh zu Waisen, die Ernten fielen schlecht aus und die Menschen hatten aufgrund von Missernten kaum etwas zu essen. Es gibt in der Geschichte eine Vielzahl von Beispielen, inwiefern Hungersnot, Krieg oder Vertreibung der Grund dafür waren, dass Menschen Hunger leiden mussten und es leider in manchen Gegenden immer noch müssen. Es ist somit nicht verwunderlich, dass viel geistige Energie auf das Essen und somit auf das Überleben gerichtet wurde. Unerkannte Angst ist manchmal die Ursache bei Menschen, die Probleme mit dem Essen haben. Tiefe Schichten des Unterbewusstseins hegen den starken Wunsch, endlich einmal nicht leiden zu müssen, sondern genügend zu essen zu haben.

Der gesunde Bedarf an Nahrung wird zur Gier, um die Befriedigung uralter Sehnsüchte zu gewährleisten. Man kann sich dieses extreme Bedürfnis gut anhand einer alten Waage vorstellen. Wird der Zeiger zu stark in die eine Richtung gedrückt, also auf Hunger und Entbehrung zu, wird sehr viel Kraft und Energie eingesetzt, um diesen Verlust auszugleichen. Doch diese Kraft lässt die andere Seite erst einmal nach oben schnellen, sie wird sozusagen überbelastet, bis sich die Waage wieder eingependelt hat. Derartiges lässt sich bei fast allen energetischen Prozessen feststellen. Wurden Menschen beispielsweise unterdrückt, werden sie mit großer Anstrengung und Kraft um ihre Freiheit kämpfen, was dann zuerst einmal eine extreme Gegenreaktion auslöst, bis sich das Geschehen mit der Zeit wieder zu normalisieren und zu beruhigen beginnt.

Auch darf nicht vergessen werden, dass hinter manchen alten Blockaden noch das Gefühl verborgen ist, den alten Verursachern nicht verzeihen zu wollen oder zu können. Dadurch blockiert manchmal eigener Hass die Heilung. Auch Aussprüche wie: „Das verzeihe ich ihm/ihr nie“ sowie Verwünschungen oder Schwüre behindern eine Auflösung. Dann muss es zuerst einmal zum Verzeihen und Loslassen kommen, damit das dahinter wirkende Energiefeld überhaupt bearbeitet werden kann. Ohne Verzeihen geht es nicht, da dies oft den eigentlichen Lern-Hintergrund für manche Situation im Leben darstellt. Der Betreffende muss diese Bereiche mit Liebe füllen und lernen, Nächstenliebe zu praktizieren. Ist der heutige Mensch bereits sehr liebevoll und hat die großen Lebensgesetze erkannt, kann er dennoch solche alten Prägungen noch in einer Kammer des Unterbewusstseins mit sich tragen.

Auf dem Weg der geistigen Suche und Freiwerdung sollte man nicht davon ausgehen, dass man immer nur das Opfer war, das schlimme Erfahrungen erlebt und erlitten hat. Mitunter übernehmen auch die alten Folterknechte oder Wachmänner die Schmerzen und Nöte ihrer Häftlinge. Sie möchten dadurch ihr negatives Karma abtragen und die von ihnen verursachten Schmerzen zurücknehmen und verarbeiten. Geschieht dies im Auftrag der geistigen Führung und nicht aus einer eigenwilligen Entscheidung des Menschen heraus, kann dies durchaus zum Auflösen alter Lasten führen.

Anhand dieser Beispiele wird der Wunsch nach Genuss und guter Nahrung sehr verständlich, doch sollte mit der Zeit auch hier ein Ausgleich stattfinden. Die aus alter Zeit stammenden Bedürfnisse sollten sich der Gegenwart anpassen, nachdem sie erfahren haben, dass es ihnen jetzt gut geht und sie nicht mehr leiden müssen. Sie müssen wieder harmonisch werden, damit sie in ihrer meist unbewussten Suche nach Nahrung und Liebe den jetzigen Körper nicht mit Fettsucht zerstören. Folgen sie Ihrer Bestimmung, sind sie auch wieder fähig zu verzichten.

Aus geistiger Sicht ist die Fähigkeit zu verzichten ein wichtiger Aspekt. Sie lässt eigenwillige Strukturen los und übergibt sie einer höheren Ordnung. Meist sind Ängste und alte Erinnerungen eine Blockade, die den Verzicht nicht zulassen. Menschen, die eine Gefangenschaft in einem früheren Leben hinter sich haben, können manchmal überhaupt nicht fasten oder die Nahrungsaufnahme reduzieren. Sofort machen sich Existenzängste breit, die sich sogar als noch größere Gier äußern können, wenn sie zu stark eingeschränkt werden.

Zur Heilung dieser traumatischen Erlebnisse ist allein die Liebe der Schlüssel. Jene Teilbereiche der Seele, die das damalige Erdenleben durchlebt haben, benötigen Vertrauen und Zuwendung, erst dann können sie ihre Ängste loslassen und Mut zur Veränderung entfalten. Geht die neue Persönlichkeit mit extremem Eigenwillen vor, damit sie endlich einmal abnimmt, kann sie diesen alten Bereichen ernsten Schaden zufügen. Sie verkrampfen bis in das Innerste ihres Seins, was eine Auflösung noch schwieriger gestaltet. Deshalb sollte man mit „bewusstem Sein“ vorgehen, damit „leicht Sein“ durch Liebe herbeigeführt wird. Auch Liebe kann konsequent sein, doch bedarf sie keiner eigenwilligen oder harten Anstrengung, sondern wirkt aus der weichen Kraft geistiger Erkenntnis heraus.

Ein weiteres wichtiges Beispiel sind alte Vergiftungen. Es wird oft unterschätzt, in wie vielen Fällen Menschen unter diesen Umständen „beseitigt“ wurden. Ein Widersacher wurde aus der Welt geschafft oder ein Mensch, den man gehasst hat, wurde ausgeschaltet.

Mathilda konnte von ihrem einundzwanzigsten Lebensjahr an keine flüssige Nahrung mehr zu sich nehmen. Sobald sie etwas trinken wollte, blieb ihr der Schluck gleichsam im Halse stecken und sie würgte ihn immer wieder hoch. Sie konnte nur noch essen und versuchte mit sehr wasserreichem Obst und Gemüse ihren Wasserhaushalt aufzufüllen. Sie war ganz verzweifelt und bemerkte auch einen großen Ekel vor allem Flüssigen, besonders wenn es rot war, wie etwa Wein oder Tomatensaft.

Bei der Rückschau wurde schnell deutlich, dass sie im Alter von einundzwanzig Jahren in einem früheren Leben mit einem Gifttrunk getötet worden war. Dieses Gift wurde ihr in ihrem abendlichen Rotwein verabreicht, und sie bemerkte die Wirkung noch, bevor sie den Becher vollständig geleert hatte. Unter starken Schmerzen und Krämpfen musste sie noch stundenlang leiden, bevor ihr Körper ihre Seele gehen ließ. Innerhalb dieser Stunden formte sich ein solch starker Schock und eine so machtvolle Gedankenform, dass diese auch in ihrem gegenwärtigen Leben noch heftige Auswirkungen zeitigen.

Auch manche Nahrungsmittelallergien hängen mit solchen alten Vergiftungen zusammen. Sobald das Körperbewusstsein mit annähernd ähnlichen Schwingungen zusammentrifft, aus denen sich das damalige Gift zusammensetzte, stellt sich eine Reaktion ein, die sich mit den uns bekannten Anzeichen von Allergien bemerkbar macht. Wenn eine einstige Vergiftung nicht zur Allergie führt, zeigt sie sich vielleicht „nur“ als starke Ablehnung für manche Lebensmittel. Man verträgt sie nicht oder findet sie abstoßend.

Sigrid litt seit vielen Jahren an diversen Nahrungsmittelunverträglichkeiten sowie an Heuschnupfen und immer wiederkehrendem Reizhusten. Nach einiger Zeit traf Sigrid die Entscheidung, ihre Allergie auch auf der Energieebene anzuschauen. Nach einem kurzen Gespräch sah sie vor ihrem geistigen Auge eine Frau auf einem großen Stein liegen. Diese Frau war vollständig mit Kornähren, verschiedenen Gemüsen und Blumen geschmückt.

Im weiteren Verlauf der Sitzung zeigte sich, dass sie in einem früheren Leben als Fruchtbarkeitsopfer für das neue Jahr und als Erntedankopfer für das bestehende auf einem Steinaltar getötet worden war. Sie wurde jedoch nicht mit einem Messer oder mit einem Gifttrank geopfert, sondern mit einem Gift, welches über die Atemwege aufgenommen wurde und mit der Zeit Herz und Lunge lähmte. Dadurch konnte der Tod nicht schnell eintreten, sondern es musste eine gewisse Zeit verstreichen, bis der Schmerz vorüber war. Innerhalb dieser Zeitspanne bildeten sich der Schock und die traumatische Prägung. Das Unterbewusstsein speicherte alles, um für ähnliche Situationen gerüstet zu sein und entsprechend reagieren zu können. Da das alte Gift aus Pflanzen gewonnen worden war und auch alle sie umgebenden Lebensmittel unter der Kategorie „Todesschock“ eingespeist worden waren, blieben die unbewussten Reaktionen auf diese Speicherungen nicht aus.

GEBET ZUR ABLÖSUNG NEGATIVER ERFAHRUNGEN

Höchste Schöpferkraft,
von Herzen bitten wir um Deinen Beistand und Deine Liebe.
Bitte erfülle uns mit Deinem Segen, damit unser Innerstes deine Nähe spüren kann.
Bitte hilf uns, die alten Schmerzen abzulegen,
zu verzeihen, wo es zu verzeihen gilt,
loszulassen, wo wir noch festhalten, und
zu erkennen, dass wir immer bei Dir geborgen sind.

Was auch immer geschehen ist,
was auch immer wir lernen mussten,
bitte stehe uns bei, die alten Erfahrungen zu verarbeiten und ein Leben in innerer Vergebung für unseren Nächsten und in Liebe zu Dir zu führen. Bitte stärke auch unseren Körper, damit er die alten Speicherungen loslassen kann.

Wir sehnen uns nach dem Gefühl Deiner Liebe,
wir sehnen uns nach Frieden in unserem Inneren und
wir sehnen uns nach einem harmonischen Leben mit unseren Mitmenschen.

Bitte stehe uns bei, damit unsere Sehnsüchte geheilt werden, Unverständnis und Verwirrung in Verzeihen und Liebe verwandelt werden und wir wahren Frieden finden können.

Wir wissen, dass Deine Liebe stets mit uns ist, und wir bemühen uns aus vollem Herzen, um Heilung zu erreichen und Freiheit für unsere Seele.

Wir danken Dir für Deine Liebe und Deine Unterstützung.
Möge Dein Segen stets mit uns und mit allen Menschen sein.

5. GUT GEBAUT ZU SEIN IST SCHÖN

Zu Zeiten des Malers Rubens war eine Frau schön, wenn sie die entsprechenden weiblichen Rundungen aufweisen konnte. Hat sich eine Persönlichkeit dieses Ideal als intensives Vorstellungsbild geschaffen, wird es auch in das nächste Leben übertragen und will sich hier, gemäß seiner Natur, weiter verwirklichen. Manchmal war auch eine heute als Frau verkörperte Persönlichkeit in einem früheren Leben als Mann inkarniert und hat damals Frauen mit dieser Figur besonders geliebt. Dann können Sehnsüchte und Wunschvorstellungen in einer neuen Inkarnation kombiniert werden. In den Tiefen des Unterbewusstseins bedeutet nur die Erfüllung dieser Vorstellungen das Glück, das jener Mensch immer gesucht hat. Dagegen ist nicht das Geringste einzuwenden! Jeder darf schön finden, was er will. Er sollte nur nicht zwanghaft von alten Bildern manipuliert werden, sondern aus freiem Willen und mit seinem heutigen Bewusstsein entscheiden.

Es hat sich gezeigt, dass mitunter Männer, denen durch die Medien, durch den Zwang des kollektiven Schlankheitswahns oder durch das Streben, den von der Werbung vorgegaukelten Idealvorstellungen zu entsprechen, sich Vorzeige-Frauen an ihre Seite geholt haben, die nur vordergründig diesen Vorgaben entsprachen. In ihrem Innersten sehnten sich diese Männer nach einer Frau, bei der sie die Weichheit des Körpers erfühlen konnten. Eine Frau, bei der sie „etwas in den Händen" halten konnten und die in ihrer Ausstrahlung ihrem Bedürfnis nach weiblicher Energie entsprach, da sie in ihrer harten Welt dringend diese weiche Seite benötigten. Weibliche Rundungen sind auch heute noch ein Sinnbild für gebärfähige Frauen, für gute und liebvolle Mütter und für verständnisvolle Ehefrauen und Freundinnen.

Deshalb sollte vielleicht manche Vorstellung, die doch nur von außen aufgezwungen wurde, fallen gelassen werden, um die persönliche Wahrheit und das eigene Idealbild herausfinden zu können. Dann wird vielleicht auch manche Frau erkennen, dass sie eigentlich schön ist. Sobald sie das kollektive Wahn-Schlankheitsideal loslässt, kann sie zu ihrem eigentlichen Wesen finden.

XII. KOLLEKTIVE FELDER

In diesem Kapitel werden Hintergründe beleuchtet, die sich als kollektive Programme mitunter so stark in das Unterbewusstsein eingegraben haben, dass sie noch immer nachwirken, obwohl das Tagesbewusstsein schon lange einen anderen Weg eingeschlagen hat.

Diese alten Wirkungsweisen und Programme sind den wenigsten Menschen bewusst, obwohl sie massiv das Leben mitbestimmen. Sie werden meist nur an ihren Auswirkungen erkannt, jedoch nicht in ihrem Ursprung und in ihrer verborgenen Wirkung. Manche Inhalte werden erst nachträglich identifiziert, indem der Mensch bewusst erkennt, dass er beispielsweise immer wieder bestimmte Gefühle und Gedanken gespürt, sie aber nicht wirklich auf ihren Ursprung hin untersucht hatte. Nicht selten sendet das Unterbewusstsein immer wieder Hinweise an das Oberbewusstsein, doch sie werden in der Hektik des Alltags oder in den Wirren des Lebens nicht wahrgenommen. Erst im Nachhinein werden sie als solche erkannt.

Deshalb ist es sehr wichtig, seine Gedankenwelt regelmäßig zu ergründen und zu hinterfragen, die Gefühlsebene zu beobachten sowie auf Ängste und plötzliche Eingebungen zu achten. Zumal mittlerweile die feinen Wahrnehmungen des Menschen immer stärker in sein Bewusstsein Einzug halten. Es ist grundsätzlich empfehlenswert, intuitive Impulse vorbehaltlos zu prüfen und gegebenenfalls sofort umzusetzen. Dies gilt natürlich nicht für Wutanfälle oder ähnliche Impulse. Hier empfiehlt sich immer erst eine Harmonisierung, damit die Eingaben der höheren Ebenen eine besonnene Entscheidung fördern können. Es betrifft die weichen, meist sehr zarten Impulse, wie: „Sage ihr sofort, dass Dir dies nicht gefällt!“ oder „Dies solltest Du Dir unbedingt besorgen, Du wirst es brauchen!“

Solche und ähnliche Hinweise zeigen eine enge Verbindung mit der geistigen Führung im Alltag an und weisen meist einen wichtigen Hintergrund auf. Nicht selten erlebt man Tage später, dass man diesem Impuls unbedingt hätte Folge leisten sollen, da die Freundin genau dieses Geschenk gekauft hat, was einem eigentlich gar nicht gefallen hat, oder es zeigte sich, dass man den Gegenstand am Wochenende dringend benötigt hätte, ihn sich aber nicht besorgt hatte, da auf den sanften Hinweis nicht reagiert wurde. Mitunter möchte man auch einer unguten oder peinlichen Situation aus dem Wege gehen und sagt lieber nichts, indem man sich mit dem Gedanken beruhigt: „Es wird sich schon irgendwie erledigen.“ Aber meist wird die Situation im Nachhinein nur noch schlimmer. Man könnte sich sehr viel Unangenehmes ersparen, wenn man sofort seinen Impulsen folgte, liebevoll, aber konsequent. Das ist in der heutigen Zeit des großen Wandels sehr wichtig. Hören Sie auf Ihre Impulse und setzen Sie diese um, auch wenn sie noch so banal erscheinen. Ihre geistige Führung für den Alltag wird sich darüber freuen, und die Engel wissen, dass sie ihren Impulsen auch in den wichtigen Situationen nachkommen werden.

1. WENN ICH ERST EINMAL VERHEIRATET BIN, MUSS ICH NICHT MEHR AUF MEINEN KÖRPER ACHTEN

Das mag vielleicht im ersten Moment etwas weit hergeholt erscheinen, doch hat sich diese uralte Einstellung in einigen Fällen als einer der wesentlichen Hintergründe für Gewichtsprobleme herausgestellt. Die Braut- oder Bräutigamschau in früheren Zeiten war mitunter sehr schwierig und aufwändig, und nur eine Frau (in den meisten

Fällen war es eine Frau, da ein Mann meist mit Ansehen, Position und Geld aufwarten konnte), welche ansprechend aussah, eine gute Figur hatte und gepflegt wirkte, konnte die Aufmerksamkeit des erwählten Mannes erwerben und ihn mit ihrem Äußeren locken. Die Sexualenergie wurde zumeist mit einer guten Figur entfacht, und die Frauen nutzten diese Möglichkeiten natürlich aus.

Waren sie erfolgreich und wurden geheiratet, war diese Aufmerksamkeit für den Körper nicht mehr nötig, und so manche Frauen überließen sich dem Alltag, ohne auf sich und ihre Figur zu achten. Sie hatten ja erreicht, was sie zu erreichen suchten, und mussten ihren Körper nicht länger als Mittel zum Zweck einsetzen. Das war dann gar nicht weiter durchdacht, sie überließen sich einfach ihrem Appetit und den Freuden des Lebens.

Nach Geburten und mit dem Nachlassen der jugendlichen Spannkraft verändern sich die meisten weiblichen Körper und neigen dazu, Fett anzusetzen. Bestimmte Proteine, welche die Wissenschaftler gerade genauer zu erforschen beginnen, sind für die Fettzellen und deren Vergrößerung und mitunter Teilung verantwortlich. Diese Wirkungsweise ist vielen Frauen zu Anfang gar nicht bewusst, und ehe sie sich versehen, sind schnell zehn Kilogramm zu viel auf der Waage. Nach kurzer Zeit sind es dann noch einmal zehn Kilogramm – und das Leiden beginnt. Das wird so weitergehen, und Frauen, denen dieses Körperproblem zu schaffen macht, werden ihr ganzes Leben mit dem Einhalten des Gewichtes zu tun haben, wenn sie nicht gegensteuern.

Mit diesem körperlichen Prozess gälte es umzugehen, doch das obengenannte Programm, sich nach der Heirat nicht mehr anstrengen zu müssen, blockiert die Erkenntnis und behindert die Frauen, das zu erkennen, was eigentlich vorgeht, und verhindert so das Abnehmen. Hier hilft das Gebet zur Auflösung alter Programmierungen.

GEBET ZUR AUFLÖSUNG ALTER PROGRAMMIERUNGEN

Höchste Schöpferkraft,

von Herzen bitte ich Dich, mein Innerstes zu berühren.
Aus tiefster Seele bitte ich Dich
um die Auflösung aller alten Programme,
die noch in meinem Wesen enthalten sind,
sowie aller alten Schmerzen und Prägungen.
Bitte stärke mein Innerstes mit dem Wissen,
dass nur Deine Liebe zählt,
dass Deine Kraft mein Wesen berührt
und die leeren Stellen im Herzen füllt.

Bitte lösche alle alten Vorstellungsbilder und Anhaftungen,
welche die Freiheit meiner Seele behindern
und meiner Gesundheit entgegenstehen.
Bitte erfülle mich mit Freude und Klarheit,
um dem Ruf meiner Seele zu folgen,
ohne von längst vergangenen Vorstellungen
und Schmerzen bedrängt zu werden.

Bitte schenke mir Freiheit,
damit ich in Harmonie mit meiner geistigen Führung
das wahre Bedürfnis meines Körpers
erkennen und erfüllen kann.
Von Herzen danke ich Dir für Deine Liebe und Deine Führung
und werde mir alle Mühe geben,
Deine Wahrheit in meinem Herzen zu erfühlen.

2. GEMEINSCHAFT UND GUTES ESSEN

Hier zeigt sich ein weiteres Programm, welches tief in die menschlichen Umgangsformen eingeprägt ist. Es ist ein uraltes kollektives Programm und wird auch heute noch weitergetragen.

Man kann sich leicht vorstellen, dass die Menschen in vergangenen Zeiten, in denen Lebensmittel nicht im nächsten Supermarkt zu erwerben waren, sich mit sehr viel mehr Einsatz und Mühe um ihr tägliches Überleben, um ihr tägliches Essen, kümmern mussten. Sie waren zumeist eng mit der Natur verbunden, und bei einer guten Ernte, die das Überleben sicherte, oder nach einer erfolgreichen Jagd dankten sie den Göttern und feierten ihr Glück. Gutes Essen – oder überhaupt Essen – bedeutete das Überleben.

Wichtige und freudige sowie ehrenvolle Anlässe wurden mit einem Festschmaus gefeiert, was mit der Zeit in das kollektive Gedächtnis das Programm einprägte: „Gutes Essen hängt immer mit Glück und Wohlstand, mit Ehre und Gemeinsamkeit zusammen!“ Hochzeiten, Geburten, Taufen, Erntedankfeste, hohe Besuche und Ehrerweisungen, alle diese Ereignisse erlaubten ein üppiges Mahl und vermittelten das Gefühl der Zusammengehörigkeit. Es wurde gemeinsam gefeiert und gelacht, und der Mensch genoss die herrlichen Speisen, die gleichzeitig ein Gefühl von Geborgenheit, Gemeinsamkeit und Dazugehörigkeit vermittelten. Manchmal wurden regelrechte „Fressorgien“ abgehalten, bei denen sich zeigte, wer am meisten vertragen konnte.

Das Leben war schön in diesen Momenten. Erlebt nun der heutige Mensch Zeiten voller Unruhe, Stress, Lieblosigkeit, Mobbing oder Schmerzen, sucht sich sein Unterbewusstsein nicht selten eine Möglichkeit, wieder Glück zu fühlen. Da gutes Essen einen angenehmen, gute Gefühle schenkenden Rückbezug auf alte persönliche und kollektive Erinnerungsfelder bietet, greift es darauf zurück, und bereits die Gedanken daran setzen im Gehirn Glückshormone frei, die den Menschen in den Momenten des Leides ermuntern können. Damit wird das Programm weiter gefestigt: „Bist du traurig, dann iss etwas Gutes, und du fühlst dich glücklich." So werden die Geschmacksknospen im Gaumen mit der Ausschüttung von Glückshormonen verbunden.

Ein weiterer wichtiger Aspekt in diesem „kollektiven Essprogramm" ist die Fixierung, dass ein richtiges Fest immer mit einer großen Menge an Speisen, mit mehreren Gängen, mit hochwertiger und nicht alltäglicher Kost, mit Wein, Bier, Schnäpsen, eventuell auch mit Musik und Tanz, ausgeführt werden muss, ansonsten ist man geizig, unehrenhaft oder unfähig. Und wer will das schon sein?

Sicher waren in diesen schweren Zeiten genau solche Feste der Inbegriff von Halt und Gemeinsamkeit, von vereint durchgestandenen schweren Zeiten und dem wirklichen Bedürfnis, in der Gemeinschaft zu feiern. Das war sehr wichtig – und ist es auch heute noch. Doch wenn das Unterbewusstsein alle Probleme mit dieser alten Erinnerung überdecken und lösen möchte, kann dies nicht der Weg sein, und da liegt das Problem. Freude und Genuss sollten den Menschen stets begleiten. Wenn die Menschen sich freuen, feiern und dankbar sind, sind auch Gott und die Engel im Herzen anwesend. Gemeinsame Freude ist intensivere Freude, was ja nicht zugleich Maßlosigkeit bedeuten muss.

Doch auch dieses Bedürfnis, seinen Freunden und Familienmitgliedern etwas Gutes zu schenken, zu feiern und gemeinsam zu genießen, kann in großen Stress ausarten, wenn die Familientreffen zu Festlichkeiten werden, bei denen es nur noch um Essen und um Genuss geht und die menschliche Seite fast keine Rolle mehr spielt. In Abständen ist solch ein Fest immer auszugleichen, doch sind es deren viele, dann wird es schwierig.

Vor allem Menschen, die sich immer wieder mit Geschäftspartnern zum Essen treffen, oder Politiker, die mehrmals täglich bei Tagungen gemeinsam essen, haben es schwer, wenn das Programm: „Gefällt es Dir nicht bei uns? Fühlst Du Dich unwohl? Du isst ja kaum!" die Runde macht. Wenn es vor allem darum geht, ein großes Gelage aufzutischen, das die meisten Anwesenden in den nächsten Tagen doch wieder abhungern müssen. Solche Essen können wunderschön sein, doch wenn auch bei kleineren Treffen ein Buffet das nächste übertrifft, wird es für alle Teilnehmer schwierig. Dann sollte ein Umdenken stattfinden. Laden sie doch einmal unter dem Motto ein: „Lecker und leicht!" Jeder vierte Bundesbürger hat, laut Angaben des statistischen Bundesamtes, mit seinem Gewicht Probleme – Tendenz stetig steigend. Daher ist das Bewusstsein gefragt, die Erkenntnis und das daraus abgeleitete Handeln.

3. UNTERBEWUSSTE PRÄGUNGEN

Schon Kinder haben mit Gewichtsproblemen immer mehr zu kämpfen. Selbst hier ist die Tendenz steigend.

Das nachstehende Beispiel macht deutlich, wie schnell sich ein Programm festsetzen kann. Die Eltern von Christoph ließen sich vor einem Jahr scheiden, seine Mutter zog in eine zweihundert Kilometer entfernte Stadt, und er sah seinen Vater nur jedes zweite Wochenende und in den Ferien. Er liebte seinen Vater und freute sich sehr auf die Treffen mit ihm. Der Vater wollte seinem Sohn etwas Gutes tun und besuchte mit ihm sehr viele Vergnügungsparks, Freizeitbäder und Veranstaltungen. Auch wollte er sich in der Punkteliste der schönsten Momente für seinen Sohn an oberste Stelle bringen. Während dieser Zeit ging der Vater mit Christoph zum Essen vorzugsweise in Fast-Food-Restaurants. Es gab vor allem Cola, Pommes-Frites und Kuchen. Geschieht dies gelegentlich, ist auch dagegen nichts einzuwenden, doch bei Christoph hatten sich diese Nahrungsmittel im Unterbewusstsein so stark mit dem Gefühl der Liebe und Zuwendung des Vaters verknüpft, dass er sich in der Folge, sobald er traurig wurde, auch in seinem eigenen Wohnort sofort zum nächsten Fast-Food-Restaurant aufmachte, um das Gefühl zu erhalten, geliebt zu werden.

Der Geschmack dieser Lebensmittel, verbunden mit den uralten kollektiven Feldern des gemeinsamen Essens, ließen Christoph das Gefühl des Glücks und der Zuwendung erleben. Doch war dies nur eine Erinnerung und keinesfalls eine Lösung.

Es kommt sehr oft vor, dass bestimmte Speisen nur deshalb gemocht werden, weil sie ein Gefühl der Erinnerung auslösen, welches der Mensch in diesem Moment benutzt, um sich aufzurichten. So kann der ersten großen Liebe nachgetrauert werden, mit der man so oft am Abend Rotwein und Pizza oder italienische Nudelgerichte gegessen hatte. Diese Momente des Glücks und der Gemeinsamkeit werden dann immer wieder nachgestellt, da schon die Erinnerung daran Glückshormone freisetzt und dem Menschen helfen soll, in einer Phase der Schwere oder der Trauer erneut Gefühle des Glücks zu empfinden. Die Erkenntnis der wahren Hintergründe fällt hier vielleicht nicht so schwer, doch sollte auch dieses unbewusste Vorgehen an die Oberfläche gelangen, damit es aufgelöst werden kann und der Mensch sich nicht länger selbst manipuliert.

Diese Beispiele machen deutlich, wie eng die Nahrungsaufnahme mit unterbewussten Prägungen zusammenhängt und wie wichtig es wäre, die natürliche Ordnung wiederherzustellen.

Das folgende Gebet kann für die genannten Situationen hilfreich sein.

GEBET ZUR AUFLÖSUNG UNTERBEWUSSTER PROGRAMME

Höchste Gottheit in den unendlichen Weiten der Schöpfung, von Herzen bitten wir Dich um die Kraft Deiner Liebe. Bitte stehe uns bei, um die alten Programme unseres Unterbewusstseins zu verändern und in die natürliche Ordnung des Körpers, der Seele und des Geistes zurückzuführen.

Bitte gib uns die Kraft und die Liebe, die wir benötigen, um im Gebet zu Dir zu finden. Stärke unser Innerstes mit Deinem Segen, damit wir fühlen können, dass Du uns liebst und wir im Vertrauen und voller Hingabe Deinen Schutz erleben können.

In der Suche nach Dir, nach der unendlichen Liebe, schlugen wir viele Wege ein. Bitte hilf uns heute, Altes zu löschen und den Pfad zu Dir zu finden. Bitte stärke Deine Kraft der Liebe in uns und führe uns durch die Stürme dieser Zeit. Wir wissen, dass Du stets mit uns bist und wir Dir sehr viel bedeuten. Von Herzen danken wir Dir für Deine unendliche Liebe.

4. BESETZUNG VON ALTEN SEELEN

Dieses Kapitel soll in keiner Weise erschrecken oder verunsichern, denn auch die Umstände solcher Begebenheiten weisen wichtige Hintergründe auf. Manchmal soll ein Mensch, der sozusagen belagert wird, entweder erkennen, dass er noch eigene Anteile zu verarbeiten hat, oder er hilft einer erdgebundenen Seele (meist ist sie zudem ein Mitglied aus der eigenen genetischen Familie), damit diese loslassen und in die höheren Ebenen aufsteigen kann.

Die nachstehende Aussage einer jungen Frau macht besonders deutlich, wie intensiv sich solche Anhaftungen auswirken können.

Erst nach langer Zeit bemerkte Hanna, dass es zu einer Veränderung ihres Wesens nach dem Tod ihres Onkels gekommen war, den sie sehr gern gehabt hatte. Sie sprach von plötzlichen Heißhunger- und Fressattacken, von übermäßiger Lust auf Alkohol und dem starken Bedürfnis nach Schlemmereien. Natürlich nahm sie diese emotionalen Attacken zuerst als ihre eigenen wahr, was sie gänzlich überforderte. Zunächst kämpfte sie dagegen an, doch schon bald merkte sie, dass sie diesen Kampf nicht gewinnen konnte. Es war, als hinge ihr Überleben davon ab, dass sie Alkohol trank und dauernd gutes Essen verzehrte. Sie litt sehr darunter und nahm in der Folge Kilo um Kilo zu. Darunter litt sie dann zusätzlich, wusste sich aber nicht zu helfen.

Erst als ihre nun verwitwete Tante in einem Gespräch plötzlich zu ihr sagte: „Du, genau das hat Dein Onkel auch immer gesagt und danach mit den Mundwinkeln gezuckt. Das ist ja seltsam!“, keimte in ihr ein Verdacht auf.

Im weiteren Verlauf beschäftigte sie sich intensiv mit ihren Gefühlen und Gedanken und versuchte, diese zu analysieren. Sie erkannte, dass sie bestimmte Wünsche und Bedürfnisse in ihrem Inneren stets unterdrücken konnte, da sie nicht so stark waren, wenngleich sie schon immer bestanden hatten. Erst in letzter Zeit konnte sie diese nicht mehr beherrschen, da sie zu übermächtig geworden waren. Sie fand noch mehr Hinweise darauf, dass der Geist ihres Onkels sie auf irgendeine Weise beeinflussen musste, da sie Dinge tat und Worte sagte, die sie selbst an ihren Onkel erinnerten. Sie fühlte, dass sie vor einer Herausforderung stand und wusste nur noch nicht genau, wie sie diese bewältigen konnte. Glücklicherweise verspürte sie keine Angst, obwohl das Bewusstsein, dass Seelenbereiche ihres Onkels noch bei ihr waren, ihr Herz zum Klopfen brachten.

Sie beschäftigte sich mit dem Lebenslauf ihres Onkels und erkannte, dass er sich mit Alkohol und gutem Essen von seinen Problemen abgelenkt hatte. Genau so wie sie in den Genuss des Essens geflüchtet wäre, wenn ihr starker Wille sie nicht davor bewahrt hätte. Seit sie denken konnte, wurde sie von Selbstzweifeln geplagt und machte sich immer Vorwürfe. Sie fühlte sich schuldig an Geschehnissen, die nichts mit ihr zu tun hatten, was sie zwar ahnte, aber noch nicht ändern konnte. Bezüglich ihres Onkels erkannte sie, dass er die Not des Krieges durchlitten hatte, verwundet wurde und um seine Familie gebangte hatte. Auch nach dem Krieg musste er um das Überleben der Familie kämpfen. Seine Verwundung heilte nie wirklich aus, und vermutlich hatte er sehr oft unter Schmerzen gelitten. Auch hier fand eine Kompensierung der Halt- und Liebessuche mittels Essen und Alkohol statt. Sie erkannte die Hintergründe, die ihrem Onkel zu Lebzeiten vermutlich nie in diesem Ausmaß bewusst geworden waren, und spürte plötzlich in ihrem Inneren, dass ihr Onkel auf der „anderen Seite" in genau diesem Moment auch von ihren Erkenntnissen profitierte. Im gemeinsamen Erkennen und im Streben nach Freiheit standen den beiden somit die Tore für eine Lösung offen. Liebevoll suchten sie ihren Halt in einer höheren Ordnung und spürten plötzlich eine Woge der Hilfe und Liebe, die auf innerem Wege ihre Herzen berührte.

Dieses Beispiel zeigt sehr deutlich die Hintergründe auf, was aber nicht immer der Fall sein muss. In vielen Fällen laufen Anhaftungen subtiler ab. Man muss schon sehr genau hinsehen und hinspüren, um zu einer Erkenntnis zu gelangen. Deshalb ist es immer wieder sinnvoll, wenn man sich um das Wohlergehen seiner Vorfahren kümmert und ihnen in bestimmten Abständen Liebe und Gebete zukommen lässt. Die Tradition, für seine sogenannten „Vorausgegangenen" immer wieder zu beten, ist ein sehr weiser Brauch und hat einen sehr tiefen Hintergrund.

Manchmal existieren auch regelrechte „Familien-Fress-Energien", in denen ebenfalls Aspekte von Familienmitgliedern enthalten sein können, die inzwischen in einer höheren Welt leben. So berichtete Oliver, dass er jedes Mal, wenn er seine Familie besucht hatte, von solchen Fressgelüsten geplagt wurde, dass er sich kaum mehr zu helfen wusste. Er bemerkte, dass es allen anderen Familienmitgliedern ebenfalls so ging, und es artete bei festlichen Anlässen in regelrechte „Fress-Orgien" aus. Tiefe, uralte Familienprogramme, gespeichert in den Genen und aktiviert von Energien und alten, gebundenen Seelenteilen der Ahnenreihe, veranlassten diese Auswüchse. Sie enthielten aus der Vergangenheit großes Leid und Sorge um die Familie, die im weiteren Verlauf, als Nahrung im Überfluss vorhanden war, in übermäßige Feiern und Prägungen wie: „Unserer Familie soll es nie wieder schlecht gehen. Sie soll immer genügend haben und feiern können!" übergegangen waren. Oliver bemerkte fast belustigt, dass entweder seine Frau oder auch er selbst, nachdem sie nach solchen Familientreffen wieder in ihrem eigenen Zuhause angekommen waren, von noch anhaftenden „Fress-Elementalen" angetrieben wurden. Die Gier nach übermäßigem Essen und auch Alkohol war sehr intensiv, und es dauerte Tage, bis sie überwunden werden konnte. Dabei war sich Oliver nicht sicher, ob diese Energien jetzt abgebaut oder einfach wieder in das große Feld zurückgekehrt waren, nachdem sie nicht dauerhaft anhaften konnten. Er und seine Frau hatten nicht das geringste Interesse, Sklaven dieser alten Fressenergien zu sein.

Das nachfolgende Gebet kann für diese Zwecke genutzt werden:

GEBET FÜR VORAUSGEGANGENE AHNEN

Höchste Gottheit,
im Angesicht Deiner vollendeten Liebeskraft bitten wir Dich
um Deinen Beistand.
Wir bitten Dich um Schutz und Hilfe für die Seelen,
die Deiner Hilfe bedürfen.
Bitte hilf unseren Vorfahren und all den Seelen, die noch an die Erdsphäre gebunden sind, damit sie in Erkenntnis und Liebe in die höheren Reiche einkehren können.
Schenke ihnen Einsicht und unterstütze sie
in der Verarbeitung alter Energien.
Möge Deine Heilkraft durch sie fließen
und sie von Anhaftungen befreien.

Bitte löse alle alten Energiefelder auf,
die immer noch auf die Menschen einwirken möchten,
und erfülle uns mit Deinem Schutz.

Bitte stehe uns bei und lasse unsere Aura in Deinem Licht erstrahlen, damit alle fremden Seelenfasern,
die darin Halt suchen, zu ihrem eigenen Ursprung finden
und ihre Wege zu Dir fortsetzen können.
Bitte hilf uns, wenn wir noch erkennen müssen, und stehe uns bei auf unserem Weg zur Freiheit und Nächstenliebe.

Von Herzen danken wir Dir und Deinen Engeln
für diese Klärung und den Schutz,
den wir stets durch Deine geistige Führung erhalten.

5. ANHAFTUNG AN DAS LEID DER WELT

Auch wenn man es sich selbst nicht einzugestehen vermag, kann es dennoch vorkommen, dass innere Teilbereiche des Menschen an die kollektiven Felder des Leides dieser Welt angeschlossen sind. Dies können Kriegsfelder, Vertreibungsfelder von Völkergruppen, Unterdrückung oder auch des Feld des kollektiven Frauenleidens sein.

Letztgenannte Ursache ist auch an einem stark ausgeprägten Prä-Menstruellen Syndrom zu erkennen. Die Schmerzen ganzer Frauengenerationen, nicht nur von Geburtsschmerzen und Kindstod, sondern auch von Unterdrückung und Demütigung, können bei einer solchen Anhaftung ununterbrochen in das persönliche Feld einfließen. Dann fällt es schwer, ein Leben voller Freude und in Freiheit zu leben. Solange die Anhaftung dienlich ist, um alte persönliche Blockaden zu lösen, ist es sinnvoll, doch wenn die Anhaftung weiter bestehen bleibt aufgrund alter Muster wie: „Frauen sind unrein." oder „Frauen sind alle mit der Erbsünde behaftet und somit grundsätzlich schlecht." oder „Frauen haben zu dienen und kein eigenständiges Leben zu führen.", dann kann keine Befreiung einsetzen, da eigene Seelenteile die Leidfelder noch als Bestrafung sehen oder als notwendiges Übel, und es nicht loslassen. Das Bewusstsein wehrt sich mitunter heftig dagegen, doch das Unterbewusstsein bleibt daran verhaftet.

In Kriegsfeldern hängen meist noch Seelen, die im Krieg gefallen sind oder große Not erlebt haben. Sie vermögen es noch nicht, in die Lichtreiche weiterzugehen und erleben ihr Leid mitunter immer wieder neu. Der Schock ist zu groß, und sie können ihren Kriegsgegnern oder auch Kriegstreibern nicht vergeben. Deshalb kann auch hier eine allgemeine Befreiung mit Hilfe eines Gebetes sinnvoll sein.

GEBET ZUR ERLÖSUNG KOLLEKTIVER SCHMERZ- UND LEIDFELDER

Höchste Schöpferkraft,
im liebevollen Strom Deiner heilenden Kräfte bitten wir Dich um Hilfe für uns und alle die Seelen,
die sich in Schmerz und Not verloren haben.
Bitte hilf uns und ihnen, um die alten Erlebnisse loszulassen,
zu vergeben, wo es noch zu vergeben gilt, und den Weg der Liebe und des Friedens zu beschreiten.

Bitte löse alle alten Verbindungen,
die uns noch an Energien ketten,
die nicht mehr zu unserem Leben gehören.
Gibt es noch etwas aufzulösen, so schenke uns bitte die Kraft der Wandlung und lasse unsere Herzen von der Kraft
Deines reinigenden Lichtes erfüllt sein.

Wir bitten Dich um Deinen Segen für uns und alle Menschen,
die auf Ihrem Weg zu Dir noch alte Lasten zu tragen haben.
Bitte befreie unsere Seelen und schenke uns Hoffnung und Liebe,
damit wir in Freiheit und Demut
unseren Weg weitergehen können.

Von Herzen danken wir für Deine Hilfe und möchten auch den liebevollen Engeln, die uns täglich begleiten, unsere Liebe und unseren Dank für ihre treue Begleitung und Liebe bekunden.

XIII. WEGE AUS DER KRISE

Die nachstehenden Ausführungen beleuchten die Hintergründe von Phänomenen, mit denen sehr viele Menschen im Laufe ihres alltäglichen Lebens konfrontiert sind. Sie sind ausführlich aufgelistet und mit den entsprechenden Gebeten versehen, damit mit Hilfe der angegebenen Meditation allmählich eine Änderung eintreten kann.

Lassen Sie sich inspirieren. Lesen Sie zuerst einmal alles durch, wählen Sie dann das für Sie Zutreffende aus und vertrauen Sie ihrem Gefühl. Es wird Sie sicher leiten, auch wenn eine störende Energie Sie zu Anfang vielleicht glauben machen will, Sie könnten sich nicht entscheiden. Ihr Inneres wird Ihnen den Weg weisen.

Bevor Sie diese Liste durcharbeiten, die Ihnen den Weg durch alltägliche Situationen erleichtern kann, sollten Sie zuerst mit Ihrer inneren Wahrnehmung die Kapitel 10, 11 und 12 durchgearbeitet haben. Es ist hilfreich, die alten oder kollektiven Ursachen zuerst zu bearbeiten, da es sonst schwierig werden kann, an die aktuellen Probleme heranzukommen und sie von ihrem Ursprung her umzuwandeln.

Halten Sie beim Lesen bei Bedarf inne und lassen Sie den Inhalt in aller Ruhe auf sich wirken. Prüfen Sie sich und die Wirkung, die das Gelesene auf Sie ausübt. Die entsprechenden Lösungs-Gebete sind immer angegeben. Schenken Sie sich danach in der Ruhe der Meditation die notwendige Zeit, um innere Blockaden loszulassen und den geistigen Wesen und Ihrem Schutzengel Raum zu überlassen, damit sie helfend eingreifen können.

DAS BEDÜRFNIS	SEITE	GEBET/ SEITE
1. Das Bedürfnis nach Liebe und Zuneigung wird mit Essen kompensiert.	149	150
2. Trennungsschmerz wird mit leckeren Speisen verdrängt.	151	152
3. Der Verlust an Sicherheit durch Scheidung führt mitunter zu Haltlosigkeit, weshalb man versucht, sich mit Essen zu erden.	153	155
4. Aufgrund falscher Entscheidungen sitzt man in bestimmten Lebensumständen fest und fühlt sich zu kraftlos, um eine Veränderung herbeizuführen.	156	158
5. Die Ursachen des Problems finden sich in der Kindheit oder in der eigenen Schwangerschaft.	159	161
6. Bei Frust am Arbeitsplatz oder in der Familie dient das Essen als Ausgleich.	162	164
7. Man ist gefangen im kollektiven Schlankheitswahn.	165	168
8. Man steht extrem unter Stress.	169	169
9. Das Liebes- oder Schutzbedürfnis wird auf das Essen übertragen. Schmerzen, Ängste oder Sorgen werden mit dem Genuss von Nahrung überdeckt.	170	171
10. Rauchsucht verlagert sich auf das Essen.	172	173
11. Man hat das Gefühl, mit den Wirren und der Schnelllebigkeit unserer Zeit nicht mehr mitzukommen. Man hat keine Zeit mehr für sich selbst.	174	175
12. Man hegt einen großen Wunsch in sich, sieht aber keine Chance für seine Verwirklichung. Das Unterbewusstsein fängt diesen Schmerz mit Gaumenfreuden auf.	176	177

DAS BEDÜRFNIS	SEITE	GEBET/ SEITE
13. Man hat das Gefühl, funktionieren zu müssen, ohne an die eigenen Bedürfnisse denken zu können. Man fühlt sich überfordert und kraftlos.	178	179
14. Man weiß im Innersten seines Wesens, dass man von Gott geliebt wird, doch der Alltag und die Schwere des Lebens bringen sehr viele Angriffe und Lieblosigkeit mit sich. Man fühlt sich beleidigt und zurückgewiesen. „Warum lässt Gott dies zu?“	179	181
15. Bei bestehender Dickleibigkeit: Rückzug in persönliche Isolation, da man glaubt, überall auf Ablehnung zu stoßen.	181	182
16. Die vielen Kilos erschweren den Sport, man ist träge, und der Körper fühlt sich schwer an. Manchmal wird zu wenig geschlafen, man bewegt sich zu wenig und fühlt zu wenig Freude.	183	183
17. Man hat ständig Heißhunger auf Süßes.	184	186
18. Die Zeit der Erkenntnis, dass mit etwa fünfunddreißig Jahren der veränderte Stoffwechsel den Körper bei den meisten Menschen an Gewicht zunehmen lässt, wurde nicht wahrgenommen. Man hat sich mitreißen lassen, ohne zu erkennen, oder man hat sich noch nicht mit den Hintergründen einer gesunden Lebensweise auseinandergesetzt und hält am Gewohnten fest.	187	194

Lassen Sie diese Hinweise auf sich wirken. Meditieren Sie auch bei Ihrer Auswahl darüber und prüfen Sie liebevoll Ihr Inneres. Das, was Sie besonders bewegt, ist das Richtige. In den meisten Fällen betrifft Sie nicht nur eines der genannten Themen, sondern es geht um ein Geflecht der verschiedenen Auswirkungen. Es hat sich auch schon sehr oft gezeigt, dass beim ersten Lesen bestimmte Bereiche überhaupt nicht reagieren, die dann beim nächsten Mal schon zur Bearbeitung anstehen. Nicht immer sind die Bereiche alle auf einmal von der eigenen Führung freigegeben, es kommt sehr oft vor, dass es sich wie ein Zwiebelgeschehen zeigt, bei dem erst in der Folge die nächsten Schichten abgebaut werden können. Lassen Sie sich führen. Arbeiten Sie nach einer bestimmten Zeit die Fragen oder die drei Kapitel über die geistig-energetischen Hintergründe, die kollektiven oder die Ursachen aus früheren Leben durch (Kapitel 10 bis 12).

Manchmal können persönliche Altlasten aus früheren Leben vermischt sein mit kollektiven Vorstellungsbildern aus dem Unterbewusstsein. Dann kann man auf ein Gewirr von Energien treffen und darf sich nicht wundern, wenn man es bisher nicht geschafft hat, seine ganz persönlichen Wohlfühl-Wunschmaße zu erreichen. Geben Sie auf keinen Fall auf. Sehen Sie es als Chance an und gehen Sie langsam, aber zielsicher vor. Nicht umsonst sind Sie auf dieses Buch gestoßen! Arbeiten Sie zuerst die geistig-energetischen Ursachen durch, dann eventuelle Ursachen aus früheren Leben und danach die kollektiven Ursachen. Fühlen Sie dann in ihre aktuelle Gefühlswelt hinein. Sie werden vielleicht erstaunt und überrascht sein, in wie vielen Schichten Ihr Unterbewusstsein arbeitet. Es möchte ihnen dienen, doch hat es mitunter noch nicht den richtigen Weg erkannt. Helfen Sie ihm und gehen Sie liebevoll vor. Die geistige Führung ist mit Ihnen und führt Sie mit großer Liebe. Die Aufgaben können Ihnen zwar nicht abgenommen werden, doch die geistige Hilfe ist Ihnen gewiss.

Lassen Sie sich führen und nutzen Sie Ihre Erkenntniskraft. Forschen Sie in Ihrem Inneren: „Wann hat die Zunahme des Gewichtes begonnen?“ „Stecke ich vielleicht in meinen eigenen Gedankengebilden fest und kann nur noch an Zunehmen und Abnehmen denken?" „Bin ich noch mit den natürlichen Energien des Lebens verbunden?" – Sie werden ihren Weg finden.

Es mag zu Anfang vielleicht etwas schwierig erscheinen, im eigenen Gefühlsleben nach der Ursache zu suchen, doch werden Sie mit der Zeit immer mehr erfahren können, dass Sie geführt werden und das Streben nach einem höheren Ziel Sie immer leiten wird. Manchmal muss die Straße der Befreiung und inneren Führung noch etwas ausgebaut und verstärkt werden, doch wirkt jeder einzelne Impuls wirklichen Strebens an diesem Ausbau und an der persönlichen Befreiung mit.

XIV. DIE 18 WEGE

1. Das Bedürfnis nach Liebe und Zuneigung wird mit Essen kompensiert.

Dieses Programm läuft mitunter ganz unbewusst ab, und der Mensch ist sich der Vorgehensweise seines inneren Wesens gar nicht bewusst. Vor lauter Arbeit und Verantwortung achtet er zu wenig auf sich selbst und schlittert mehr oder weniger durch das Leben. Dann wird es Zeit, die Botschaft der Gewichtszunahme anzunehmen und die Hintergründe zu suchen. Fühlt man sich ungeliebt? Vermisst man jemanden, der einem die Liebe schenken sollte? Ist der Alltag so hektisch, dass man sich keine Zeit der Zweisamkeit oder der liebevollen Zuwendung mehr zugesteht? Möchte man mehr gelobt werden für seine Arbeit? Ist das Bedürfnis nach Anerkennung groß? Wenn man sein Inneres beobachtet und die Gedanken und Gefühle wahrnimmt, kann man sehr viel erkennen. Manchmal steckt auch Lieblosigkeit aus früheren Inkarnationen dahinter, dann empfiehlt es sich, zuerst das Gebet zur Ablösung negativer Erfahrungen aus Kapitel 11 durchzuarbeiten.

Wann haben Sie selbst Ihrem Partner, Ihren Kindern, Eltern oder Freunden das letzte Mal gesagt, dass Sie sie mögen, dass Sie Ihnen etwas bedeuten und Sie ihre Anwesenheit schätzen. Prüfen Sie, ob Sie auch geben, was Sie selbst vermissen. Wenn nicht, beginnen Sie zuerst – und eine Änderung wird bald eintreten. Fast alle Menschen wünschen sich mehr Nähe und Zuwendung, doch haben sie verlernt, sie auch zu geben oder sogar nur anzunehmen. Die gegenseitige Wertschätzung wird kaum mehr ausgedrückt, und der Mangel an liebevollem Austausch kann sehr groß werden.

Dann müssen Sie vielleicht selbst die Initiative ergreifen und zuerst einmal geben, bevor Sie empfangen können.

Jeder Mensch kann zu jeder Zeit seine Situation verändern. Ist sie erkannt, ist der erste Schritt getan. Das nachfolgende Gebet kann die inneren Wesensfasern stärken und eine Erneuerung und Änderung herbeiführen. Das, was der Mensch ausstrahlt, bekommt er auch wieder zurück. Wenn nicht von anderen Menschen, dann von der geistigen Welt.

GEBET FÜR INNERE STÄRKE

Höchste Schöpferkraft,
aus tiefster Seele bitte ich Dich um Deine Führung.
Bitte stehe mir bei, Deine Nähe und Deine Fürsorge
tief in meinem Herzen zu erfühlen.
Bitte durchdringe mich mit der Gewissheit deiner Liebe,
schenke mir Stärke, wo ich noch schwach bin,
und lasse mich Deine Liebe fühlen in Zeiten,
in denen das Erdenleben so mühsam und lieblos erscheint.
Bitte lasse die Gewissheit Deiner Liebe meinen obersten Schutz
und meine Stärke sein, damit ich freier und sicherer werde und
das Glück nicht mehr ausschließlich in der Welt suchen muss.

Mein Innerstes weiß, dass Deine Liebe stets mit mir ist, und ich
bitte Dich mit der Kraft meines sehnenden Herzens
um die Wahrnehmung Deiner Nähe.
Bitte stärke mein Innerstes, damit die Kraft in mir strömt,
die auch mein Umfeld durchstrahlt
und einen Austausch der Liebe einleiten kann.

Bitte stärke meinen Körper und alle Fasern meines Bewusstseins, damit die Suche nach der Liebe nicht mehr auf den Genuss von Nahrung projiziert wird.
Bitte lasse mein Wesen erkennen, dass die Liebe auf einer tieferen Ebene stets zu mir strömt und ich von ihr ernährt werde.

Von Herzen danke ich Dir für Deine Kraft und Deine Liebe.

2. Trennungsschmerz wird mit leckeren Speisen verdrängt.

Auch beim Verlust von geliebten Menschen durch Umzug oder Tod, durch Scheidung oder sonstige Trennungen kann im Menschen der Mechanismus einsetzen, dass zur Bewältigung der schmerzlichen Situation die Ausschüttung von Glückshormonen über Gaumengenüsse vollzogen wird. Fühlt sich der Mensch so traurig und einsam, dass er in seinem Gefühlshaushalt Schaden erleiden könnte, sucht das Unterbewusstsein die nächstmögliche Lösung, und diese ist ganz schnell mittels des Essens erreicht. Auch setzt hier gerne das uralte kollektive Programm des gemeinsamen Essens bei freudvollen Anlässen ein.

Sehr oft machen sich Menschen ihre Schmerzen gar nicht bewusst. Es wird nicht wirklich getrauert. Doch die Zeit der Trauer ist sehr wichtig und sollte bewusst durchlebt werden, damit sie sich nicht unterbewusst festsetzt und nach eigenen Lösungen sucht. Auch ist die Ablenkung hier ein vorrangiges Thema. Wer mit dem Genuss von gutem Essen beschäftigt ist, kann sich nicht mehr so stark auf die eigenen Schmerzen einlassen. Doch beseitigt sind sie dadurch natürlich nicht – nur verdrängt. Irgendwann muss man sie doch anschauen und verarbeiten, warum nicht gleich? Diese Mechanismen der Verdrängung muss man sich manchmal einfach nur bewusst machen. Der Alltag lässt einem vielleicht gar nicht die

Zeit, wirklich darüber nachzudenken. Deshalb ist es wichtig, auch längst vergangene Verluste zu überdenken und tief nach innen zu fühlen. Sind noch alte Verdrängungsmechanismen vorhanden? Haben die Momente der Schwäche und übergroßer Trauer eine wirkliche Annahme und das genaue Hinsehen verhindert?

Seien Sie liebevoll mit sich selbst und haben Sie Verständnis für die Bereiche Ihres Wesen, die in diesen Zeiten vielleicht nicht die notwendige Kraft gehabt haben. Sehen Sie es als Chance für den jetzigen Augenblick und beginnen Sie mit der Auflösung. Das folgende Gebet kann ihr Innerstes stützen und inspirieren.

GEBET ZUR BEWÄLTIGUNG VON SCHMERZ

Höchste Schöpferkraft,
aus tiefster Seele bitte ich Dich
um Deinen Beistand und Deine Führung.
Bitte geleite mich durch den Schmerz meiner Menschenseele und
schenke mir Kraft, um wieder Frieden und Ausgleich in meinem
verletzten Herzen zu finden.

Bitte lasse das Gefühl der Einsamkeit in meiner Seele erlöschen
und stärke mich durch Deine Nähe und Stärke.
Ich weiß, dass Du bei mir bist und die Engel
mich mit großer Hingabe unterstützen.

Bitte lasse mich Verzeihen üben,
wo ich noch nicht verzeihen kann.
Bitte schenke mir die Kraft des Loslassens,
wo ich noch festhalte; und
erfülle mich mit Deiner Kraft und Deinem Segen,
damit ich die menschlichen Schwächen und Schmerzen
zu überwinden vermag.

Bitte schenke meinem Körper die tiefe Gewissheit, dass der Halt und die Liebe in Deiner Fürsorge zu finden ist und Deine Kraft die schmerzlichen Wunden versorgt. Lasse alle Fasern meines Körpers spüren, dass meine Schmerzen bewältigt werden können.
Lasse wieder Freude meine Seele erfüllen, damit sich mein Körper nicht im Genuss von Gaumenfreuden verstrickt, sondern wieder Leichtigkeit und Bewegung seine Schwingungen erfüllen.

Bitte lasse auch alle anderen Menschen teilhaben an der Kraft Deiner Liebe und stehe ihnen bei in den Stunden der Schmerzen. Von Herzen danke ich Dir für Deine Fürsorge und Liebe.

3. Der Verlust an Sicherheit durch Scheidung führt mitunter zu Haltlosigkeit, weshalb man versucht, sich mit Essen zu erden.

Bei Frauen kann man sehr oft in den Tiefen ihres Wesens erkennen, dass sie beim Verlust des Partners durch Scheidung auf dramatische Weise aus ihrem Lebensrhythmus geworfen werden. Das hat nicht immer nur mit dem Verlust des geliebten Menschen zu tun, sondern auch mit dem uralten Programm: „Eine Frau ohne einen Mann, der sie versorgt, ihr ein Heim bietet und sie vor den mordenden und vergewaltigenden Horden von Nachbarvölkern beschützt, kann nicht weiterleben.“ In alten Zeiten hatte eine Frau nicht die Möglichkeit, sich beruflich zu bilden oder gar ein eigenständiges Leben zu führen. Es gab strenge Sitten, und ohne einen Mann hatte die Frau kein Heim und keinen Schutz. Höchstens das Kloster blieb ihr, und das war für manche Frauen auch eine unangenehme Vorstellung. Ein Mann gab der Frau ein Dach über dem Kopf, gab ihr eine gesellschaftliche Stellung und schützte sie vor den Zugriffen anderer Männer. Dieser Schutz war somit existenziell und drang in die tiefsten Schichten der Persönlichkeit.

Der Mann schützte die Kinder, und im Idealfall war solch eine Verbindung auch im Interesse beider Seiten.

Auch wenn es manchmal schwerfällt, an die Existenz solcher alten Programme zu glauben, sind sie dennoch stärker in den Zellen des Unterbewusstseins verankert, als manche Frau dies annehmen mag. Wird sie dann in die Situation gebracht, dass sie plötzlich alleine steht, drängt sich ein tiefer Schock in das System, und etliche Frauen können sich dies häufig gar nicht erklären. Dieses alte Schutzsystem der Männer über die Frauen lässt so manche Frau auch den Schritt einer Trennung nicht vollziehen, da sie ihr altes Programm noch nicht überwunden hat und sich schutzlos und kraftlos der Welt ausgeliefert sieht. So zögert sie oft jahrelang, obwohl sie es durchaus schaffen könnte, auf eigenen Füßen zu stehen.

Auch im umgekehrten Fall sind die Männer mitunter emotional tief gebunden durch einen Mutterkomplex oder durch das Programm: „Wer versorgt mich, wenn ich keine Frau mehr habe? Wer kocht, wäscht und macht sauber?“ Bei einer Scheidung sehen sie sich grausam in die Einsamkeit geworfen. Sie können nicht erkennen, dass sie damit auch eine Chance erhalten. Es ist immer sinnvoll, alles zu geben, um eine Beziehung aufrechtzuhalten, besonders wenn Kinder dabei sind, doch manchmal ist eine Trennung einfach unausweichlich und sogar sinnvoll, damit sich auch der Mann endlich um seine geistige Entwicklung kümmert und sich nicht nur versorgen und bemuttern lässt. Auch hier kann die Gewohnheit des Lebens ein Weiterkommen behindern, weshalb die geistige Welt um eine Änderung bemüht ist, auch wenn sie im ersten Moment grausam und schmerzlich erscheint.

Auch wenn keines der genannten Programme zutrifft, soll hier der Schmerz einer Trennung in keinem Fall geschmälert oder in eine bestimmte Kategorie gedrängt werden. Möge die geistige Welt alle Betroffenen in diesen schweren Momenten begleiten.

GEBET ZUR AUFLÖSUNG INNERER PROGRAMME

Höchste Schöpferkraft,
aus tiefster Seele bitte ich Dich um Stärkung meiner Seele.
Bitte durchdringe mich mit Deiner Liebe, damit ich in Dir meine Heimat und in Deiner Kraft den Wegweiser für meine Zukunft finden kann.

Noch schmerzt mein Herz, doch ich weiß, dass Deine Fürsorge mir stets den richtigen Weg weisen wird.
Bitte durchdringe mich mit dem Segen Deiner Weisheit, damit ich die richtigen Entscheidungen für meine Zukunft treffen, Altes loslassen und auch meinem bisherigen Leben dankbar sein kann.
Alles, was geschieht, dient meiner Seele, und ich fühle Deine Nähe.
Bitte erfülle mich mit der Kraft Deiner Liebe, damit meine Seele sie nicht mehr im Essen suchen muss oder die Ablenkung des Genusses den Weg zu Dir behindert.

Bitte durchdringe mich mit der Kraft der Erkenntnis und erfülle mich mit den notwendigen positiven Energien, damit ich die jetzige Situation liebevoll meistern kann.

Von Herzen danke ich Dir für Deine Liebe.

4. Aufgrund falscher Entscheidungen sitzt man in bestimmten Lebensumständen fest und fühlt sich zu kraftlos, um eine Veränderung herbeizuführen.

Frauen oder Männer, die sich zu schnell zu einer viel zu frühen Ehe entschieden haben, können hiervon betroffen sein. Sind dann noch Kinder vorhanden und der sogenannte Trott des Alltags ist allgegenwärtig, fühlen sich manche Menschen extrem überfordert und haben das Gefühl, Wichtiges verloren zu haben. Sie lieben ihre Kinder und eigentlich auch ihr Leben, doch kommen sie mit dem Verlust nicht gelebter jugendlicher Freuden nicht klar. Ein stetes Gefühl von Überfordertsein durchdringt ihr Wesen; oder sie merken innerhalb einer Beziehung erst nach einiger Zeit, nachdem die ersten rosa Wolken verflogen sind, dass sie eigentlich gar nicht viel gemeinsam haben. Dies kann dann schnell zu Zermürbung und Verzweiflung führen. „Wie konnte man das nur übersehen?" Doch Beziehungen haben manchmal viel mit dem Aufräumen von uralten Energien zu tun und sind deshalb richtig gewesen, auch wenn sie sich nach einiger Zeit wieder auflösen müssen, damit jeder seiner Wege gehen kann.

Renate fühlte sich seit der Pensionierung ihres Mannes extrem unter Druck. Zu Anfang kochte sie oft innerlich vor Wut, wagte jedoch nicht, etwas zu sagen, und nach einer gewissen Zeit stellten sich starke Gefühle von Lethargie und bald auch von Depressionen ein. Kurz nach dem Rentenantritt ihres Mannes merkte sie, dass ihr Mann zwar nun in Rente war, sie jedoch nicht. Sie selbst hatte ebenfalls ihr ganzes Leben lang täglich einen großen Einsatz für die Familie erbracht. Sie hatte kaum Zeit für sich selbst, versorgte die Kinder, besonders ihren Nachkömmling Rainer, den sie mit vierundvierzig noch geboren hatte. Sie kochte und putzte, wusch und erledigte die anfallenden häuslichen Arbeiten fast alleine, da ihr Mann beruflich sehr engagiert war.

Es machte ihr nichts aus, denn sie liebte ihre Familie und sah den Ausgleich zwischen der Arbeit ihres Mannes und ihrer eigenen Arbeit. Auch wenn sie am Wochenende genauso kochte und putzte, den Picknickkorb richtete und alle Arbeiten nebenher erledigte, sagte sie immer zu sich selbst, dass ihr Mann ja auch das Geld nach Hause brachte. Doch nach der Pensionierung, als ihr Mann morgens das Frühstück einnahm und dann seine Zeitung herausholte, ins Wohnzimmer ging und weiterlas oder sonst einer Freizeitbeschäftigung nachging, sich neue Kontakte für Tennis und Theater aufbaute, die Nase rümpfte, wenn sie um 12.30 Uhr immer noch nicht das Mittagessen auf dem Tisch stehen hatte oder am Nachmittag Lärm machte durch Saugen und Putzen, wenn es aus der Küche nach Essen roch, da sie das Abendessen zubereitete, während er immer nur seinem Vergnügen nachging und sich ein schönes Leben machte, da erkannte sie, in welchem Dilemma sie steckte. Er räumte keinen Teller auf, er half nicht im Haushalt, kaufte auch nicht ein und organisierte auch noch den letzten Beitrag zur Hausarbeit, den er bislang übernommen hatte, den Getränkelieferanten, damit er ihn nicht vom Genuss seiner Rente abhielt.

Das war einfach zu viel für sie. Sie schuftete in der Küche, im Haus und im Garten – und er bewegte keinen Finger. Konnte das gerecht sein? Sie waren eigentlich beide in Rente, aber bei Renate veränderte sich nichts, ganz im Gegenteil. Sie überlegte dauernd und konnte keine Lösung finden, da sie nicht den Mut aufbrachte, ihren Mann zu fragen, ob dies nun die Arbeitsverteilung für ihren Lebensabend sein sollte. Sie war die Bedienung, die Köchin, das Hausmädchen und die Frau für gewisse Stunden. Sie hatte da zu sein und zu arbeiten, und er tat rein gar nichts. Sie sah keine Lösung, da sie genau wusste, wenn sie ihm widersprach, wurde er wütend und machte ihr das Leben schwer. So resignierte ihr Inneres, und sie stürzte sich auf Essen und Süßigkeiten. Tiefster Frust erfüllte ihre Seele, denn sie sah keinen Ausweg. Hatte sie früher noch etwas Zeit für den Liegestuhl am Nachmittag gehabt, war nun ihr Mann zu Hause, und sie traute sich nicht, sich zu erholen und die Arbeit ruhen zu lassen.

Manchmal haben Menschen auch falsche Berufsentscheidungen getroffen, ihre eigenen Ziele aufgegeben für den Betrieb der Eltern oder sonstigen äußeren Einflüssen Rechnung getragen. Wird mit der Zeit dieser Verlust gefühlt, machen sich viele Menschen schnell Selbstvorwürfe und sehen nur schwer eine Möglichkeit, um aus der verfahrenen Situation herauszukommen. Es gibt so viele verschiedene Möglichkeiten, in ein Gefühl von Verlust und Verzweiflung zu kommen, wie es Leben gibt. Prüfen Sie ihr eigenes Leben. Seien Sie fair und gerecht sich selbst gegenüber und ziehen Sie auch eine höhere Führung in Betracht.

Es gibt immer Möglichkeiten der Veränderung. Sollten diese jedoch so verbaut sein, dass es kein Entrinnen zu geben scheint, muss die Situation vielleicht zu ihrem eigenen geistigen Vorteil noch eine Weile so bleiben. Versuchen sie dann, diese liebevoll anzunehmen und das Beste daraus zu machen.

GEBET FÜR ANNAHME UND/ODER DIE KRAFT DER ENTSCHEIDUNG

Höchste Schöpferkraft,
aus der Tiefe meines Herzens
wende ich mich hilfesuchend an Dich.
Bitte schenke mir die Kraft, die Lebenswege zu ändern,
die zu ändern sind.
Durchdringe mein Wesen bis in die tiefsten Winkel und erfülle
mich mit Mut und Aufrichtigkeit,
um auch zu diesen Entscheidungen zu stehen.

Bitte schenke mir die Weisheit, zu erkennen, wenn das Leben genau so richtig ist, wie es ist, ich es aber nicht wahrnehmen kann. Erfülle mich mit der Intuition, mehr Freude in diese Bereiche zu bringen und sie zu lieben, mit allem was dazugehört.
Lasse mein Herz erstarken und annehmen,
was es anzunehmen gibt.

Mein unsicheres Wesen hat sich mit dem Genuss der Nahrung abgelenkt, da es die Wahrheit noch nicht ansehen konnte. Bitte erfülle mich mit Deiner Kraft, damit ich mit Tatendrang und neuem Lebensmut ändern kann, was es zu ändern gibt,
und annehmen kann, was bestehen bleiben muss.

Dann werden meine Seele und mein Körper mit neuer Energie durchdrungen, und mein Bewusstsein wird mit neuen Ideen und liebevollen Taten gestärkt.

Von Herzen danke ich Dir für Deine Liebe
und Deine Hinweise auf meinem Weg zu Dir.

5. Die Ursachen des Problems finden sich in der Kindheit oder in der eigenen Schwangerschaft.

Dies ist ein Bereich, welcher dem Bewusstsein nicht immer zugänglich ist. Sind Gewichtsprobleme bereits seit der Kindheit vorhanden, ist es sinnvoll, sich diesen Hintergründen zuzuwenden. Neben genetischen Erbanlagen können auch die unterschiedlichsten Prägungen vorhanden sein, deren Ablösung für eine harmonische Energie bezüglich des persönlichen Wohlfühlgewichtes sehr wichtig ist. Das später gegebene Gebet kann hier grundlegend wirken und eventuelle Blockaden lösen. Selbst wenn diese nur fasernweise vorhanden sind, kann auch hier eine Ablösung einsetzen.

Das Beispiel eines Mannes zeigt auf, wie sich Probleme in der Schwangerschaft auswirken können.

Dieser Mann wurde während der Monate im Mutterleib über die Plazenta seiner Mutter nicht ausreichend versorgt. Wann diese Unterversorgung einsetzte, konnte nicht mehr nachvollzogen werden, doch kam dieser Mann als Baby bereits hungrig auf die Welt. In seinem Denken begann somit das Leben bereits mit Hunger, und er wollte immer essen, um zu überleben. Bei ihm hatten sich außerdem, vermutlich aufgrund eines Verhungerns in einem früheren Leben, tiefe Ängste eingeprägt, die es ihm erschwerten, Vertrauen zu fassen und die Ängste loszulassen. Erst als er langsam in die unterbewussten Speicherungen vordringen und seinem Körper Energien des Vertrauens zufließen lassen konnte, wurde sein Verlangen nach Nahrung weniger. Schließlich konnte er auch wieder verzichten und warten lernen.

Es kommt zum Ende einer Schwangerschaft mitunter vor, dass der Mutterkuchen das Kind nicht mehr richtig versorgt, was diesen Babys ein stetes Hungergefühl vermittelt. Solche Babys werden dann etwas pummelig, manchmal sogar bis zu zwei Jahren, doch verlieren sie dann wieder ihr Gewicht, und eine stabile, ausgeglichene Verarbeitung der Nahrung setzt ein.

Manche Eltern oder Großeltern meinen es auch „zu gut" mit ihren Kindern. Sie wollen sie verwöhnen oder tragen selbst noch einen Mangel in sich, den sie durch die übermäßige Gabe von Süßigkeiten oder Naschereien an die Kinder kompensieren möchten.

Es kommt zudem vor, dass die Kinder statt mit Zuwendung und Liebe mit Süßigkeiten vertröstet werden, was den Kindern bald als tiefes Programm in das Unterbewusstsein dringt. „Bekommst du keine Liebe oder Aufmerksamkeit, iss etwas Süßes."

GEBETE ZUR HARMONISIERUNG VON KINDHEIT UND SCHWANGERSCHAFT

Höchste Gottheit,
im tiefen Wissen um deine Liebe für uns
bitten wir Dich heute um Ablösung aller Blockaden
und Belastungen aus unserer Kindheit und Schwangerschaft.
Wir bitten Dich von Herzen, längst vergessene Schmerzen und
Programmierungen aus unserem Wesen zu löschen.

Sollten noch Lernerfahrungen notwendig sein, bitten wir Dich
um liebevolle Hinweise, damit die alten Blockaden aufgelöst
werden können.

Wir bitten Dich um Ablösung und Befreiung all jener Seelen, die
an den vorhandenen Bindungen noch beteiligt sind, und bitten
Dich von Herzen um Harmonisierung aller Energiebereiche.
Wir streben Deiner Weisheit entgegen und wünschen uns, die
Nähe Deiner Liebe zu fühlen.

Bitte durchdringe uns mit Deiner Kraft und Deinem Segen,
damit alles Alte weichen möge
und Neues und Reines unser Wesen erreichen kann.
Alles ist wichtig, alles ist richtig,
doch darf es nach seiner Erfüllung auch vergessen werden.
Von Herzen danken wir Dir für Deine Liebe.

6. Bei Frust am Arbeitsplatz oder in der Familie dient das Essen als Ausgleich.

Nicht selten erzählen Menschen, dass sie in sich immer wieder die Worte hören: „Wenn ich zu Hause bin, lasse ich es mir gut gehen", um dem Stress in der Arbeit etwas Schönes entgegensetzen zu können. Geht es um Auseinandersetzungen mit der Familie, so werden die Probleme mitunter nicht diskutiert und ausgetragen, sondern verdrängt. Dann sucht sich das Unterbewusstsein sehr schnell einen Ausgleich, um mit dem inneren Ungleichgewichtzurechtzu kommen.

Auch Mobbing ist inzwischen eine weitverbreitete Art liebloser Menschen, sich ihren Arbeitsplatz zu sichern oder scheinbare Gegner aus ihrer Stellung zu verdrängen. Sie schlagen manchmal erbarmungslos zu, und die Menschen, die solch ein Vorgehen trifft, sind zutiefst geschockt. So kann Machtgier und Konkurrenzneid an vorderster Stelle stehen, oder solche Menschen werden mitunter von dunklen feinstofflichen Wesen benutzt, um die Lichtkräfte zu schwächen und sie in Ärger und Streit zu verstricken. Dann ist es besonders wichtig, hier Ruhe zu bewahren. Man sollte zwar für sich und seine Prinzipien einstehen, aber sich möglichst wenig in den Stricken von Streit und Hader verwickeln. Die Aura der betroffenen Menschen wird manchmal gespickt von fremden Energien, und lieblose Strömungen durchdringen das feinstoffliche Feld des Menschen.

Holger ist Masseur in einer angesehenen Massagepraxis, und seine Arbeit bereitet ihm große Freude. Er schulte sich weiter und lernte auch energetische Ausgleichstherapien, die den Menschen im Aufbau des Immunsystems und auf dem geistigen Weg stärken können. Er leistet gute Arbeit, und die Menschen fühlen sich nach seinen Behandlungen immer erleichtert und gut. Sein Patientenstamm wurde mit der Zeit immer größer.

Am Anfang seiner beruflichen Laufbahn hatte er nur wenige Patienten am Tag, und sein Energiehaushalt kam gut damit zurecht. Doch mit der Zeit wurden es immer mehr. Er hatte die Gabe, aufgrund der Lernerfahrung sehr vieler vergangener Leben und dem Entwicklungsstand seiner Seele, für seine Patienten sehr viel negative Energie in positive umzuwandeln. Doch er musste mühsam um den Erhalt seiner eigenen positiven Energie ringen, da diese Wandlungsarbeit sehr viel Energie verschlang. Er hatte große Schwierigkeiten, damit zurechtzukommen, und mitunter glaubte er zu scheitern. Er kam abends völlig zerschlagen zu Hause an und brauchte teilweise Stunden, um wieder einigermaßen Energie in sich zu fühlen. Manchmal kämpfte er die ganze Nacht mit den Problemen der Patienten und konnte sich nicht frei davon machen. Obwohl er dies gerne tat und die Menschen wirklich liebte, fühlte er sich dennoch oft überfordert und glaubte, seine Arbeit nicht länger ausführen zu können. Die Sensibilität seines Wesens übernahm sehr viel Energie seiner Patienten, und er fühlte sich manchmal wie mit Tonnen beladen.

Auch manchen anderen Menschen geht es bei der Arbeit so, da sie durch ihre Sensibilität aus der Umgebung sehr viel Negatives filtern und aufnehmen, und am Ende eines Arbeitstages fühlen sie sich ausgelaugt und völlig überfordert.

Das nachfolgende Gebet kann hier helfen:

GEBET ZUR AKTIVIERUNG DER LEBENSENERGIE UND KRAFT FÜR DEN ALLTAG

Vollendete Liebeskraft,
aus tiefster Seele bitte ich Dich
um Deinen Schutz und Deine Führung.
Bitte reinige alle negativen Energien,
die sich in meiner Aura festgesetzt haben.
Bitte durchdringe mich mit Deiner Liebe,
damit alle Blockierungen weichen können, und gib mir die Kraft,
alle Spannungen loszulassen.
Ob durch die Mithilfe meine Aura geschwächt ist
oder durch Angriffe meiner Mitmenschen,
in allen Fällen bitte ich Dich aus tiefster Seele
um Deinen Schutz, Deine Klarheit
und Deine Liebe.

Bitte reinige meine Aura von allem Lieblosen und lasse alles
Fremde weichen, was nicht zu mir gehört.
Bitte stärke meine Seele, damit sich ein stabiler Schutz aufbaut
gegen alle Angriffe und dunklen Energien.
Möge der Liebe stets Einlass gewährt, dem Dunklen jedoch die
Nähe verwehrt werden.

Gerne gehe ich meinen täglichen Aufgaben nach,
in der Gewissheit, dass ich nicht nur mir,
sondern auch meinen Mitmenschen und dem Göttlichen diene.
Bitte stärke mich auf diesem Weg
und erfülle mich mit der Freude Deiner Nähe.
Von Herzen danke ich Dir.

7. Man ist gefangen im kollektiven Schlankheitswahn.

Wer Model ist oder Schauspieler, beziehungsweise wer seinen Körper in anderer Weise beruflich nutzt, etwa als Boxer oder Kampfsportler, die in bestimmten Gewichtsklassen kämpfen, wird sich wohl den Anforderungen beruflicher Vorgaben oder Gewichtsklassen stellen müssen. Für manche Menschen ist dies auch kein Problem, da sie in jungen Jahren nicht mit Gewichtsproblemen zu kämpfen haben; doch betrachtet man einige der früheren Models, wenn sie älter werden, so sieht man deutlich, wie stark die Hungerkuren an den Nerven gezerrt haben oder wie der Körper sich die erlittenen Verluste und den empfundenen Mangel mit großer Intensität zurückholt, wenn der Wille zur Disziplin nachlässt.

Nicht selten werden auch massenhaft sogenannte Schlankheitsmittel benutzt, damit man sein Gewicht halten kann: Medikamente, die den Stoffwechsel erhöhen oder den Hunger betäuben sollen. Doch der Körper vergisst nicht. Genauso wie starke Sonnenbrände in der Kindheit im Alter Erkrankungen der Haut bis hin zu schwarzem Hautkrebs fördern oder das Fahren mit dem Roller ohne Nierenschutz eine Schwächung oder gar Krankheit der Nieren noch nach vielen Jahren verursacht, genau so werden solche massiven Angriffe, die gegen den Körper gerichtet sind, wieder auf die Waage des Lebens gelegt. Mitunter werden solche Lebensweisen vom Körper selber sehr hart bestraft, und das genaue Gegenteil dessen, was sich der Mensch erhoffte, tritt ein. Dann bedarf es großer Liebe und Zuwendung, um die alten Schäden zu beheben.

Bestimmte Idealvorstellungen bezüglich des Körpergewichtes sind vielleicht bei Jugendlichen mit einem intensiven Stoffwechsel noch zu halten, doch je älter der Körper wird, umso schwieriger gestaltet sich dies. Deshalb haben Modelmaße nichts mit der Allgemeinheit der Bevölkerung zu tun. Die wenigsten Menschen können diese Maße für sich umsetzen; und das ist auch gar nicht nötig.

Wie bereits ausgeführt, bilden sich durch die Kraft der Gedanken bei entsprechender Intensität bestimmte Elementale oder Gedankenformen, die mit der Zeit, ab einer gewissen Stärke, den Menschen so intensiv beeinflussen, dass er teilweise sogar manipuliert wird, ohne es zu merken. Das gilt auch für Gedankenformen, die nur auf Abnehmen ausgerichtet sind. Den ganzen Tag geht es nur um Kalorienzählen, und die Aufmerksamkeit, also die persönliche Energie, ist ständig auf das Gewicht gerichtet. Werden solche Gedankenformen immer stärker, kann es vorkommen, dass solch ein Mensch sein Leben gar nicht mehr wahrnehmen kann. Er lebt in seinem Körper, doch es ist niemand zu Hause. Er sieht keine Natur mehr, nimmt weder Wind noch Sonne wahr, erkennt gar nicht mehr, was er wirklich benötigt, und speist noch dazu das kollektive Feld des Schlankheitswahns. Sich der Thematik anzunehmen, sich zu bemühen und friedvoll damit umzugehen, ist eine Sache, doch wenn es zwanghaft geworden ist, ist der Mensch nicht mehr frei. Er steht, wie das Wort besagt, unter Zwang. Unter diesen energetischen Bedingungen kann man seine Intuition nicht mehr wahrnehmen. Dann wird es höchste Zeit, wieder den Pfad zur Freiheit zu wählen und sich zu besinnen.

Auch wird durch die Werbung für diverse Produkte eine Begehrlichkeit geweckt, die ohne diese konkrete Beeinflussung von alleine nicht vorhanden wäre. Es werden Bilder von Idealen vorgegaukelt, die nur den Absichten der Medien entsprechen. Es sind also aufgesetzte Vorstellungen, die den Menschen dazu animieren sollen, bestimmte Produkte zu kaufen, damit sie jene Wünsche erfüllt bekommen, die sie eigentlich gar nicht haben. Viel eher wird ein Impuls der Zugehörigkeit zu einer bestimmten Gruppe oder zu einem Gefühl aktiviert, nach dem sich der Mensch mitunter sehnt. Das kann auch eine Sehnsucht nach Anerkennung oder Liebe sein. Manchmal wird das Gefühl erweckt; etwas Besonderes sein zu wollen, um sich von der Menge abzuheben. Doch warum eigentlich? Sind wir nicht alle *besonders* und werden von Gott unendlich geliebt? Leider verzeichnet das Buch des Alltags manchmal andere Seiten, und die Hektik und der Stress geben ihr Übriges dazu. Dann wird es Zeit, sich wieder auf die wahren Werte des Lebens zu besinnen und die Einflüsterungen von außen über Bord zu werfen.

In jüngerer Zeit kann man in den Medien eine deutliche Veränderung wahrnehmen. Filme werden gezeigt, in denen Menschen die Stars ausmachen, die nicht Modelmaße vorweisen können. Sendungen über sehr schöne Frauen werden gedreht, die auch mit einigen zusätzlichen Kilos eine tolle Figur haben, bei denen der Charakter aber mehr zählt als irgendwelche Maße. Der Mensch muss sein Bild im Kopf wieder verändern. Auch wenn so mancher Modeschöpfer oder Medienheld noch daran festhält, vollzieht sich bereits ein sehr positiver Wandel. Die Zeit körperfeindlicher Hungerkuren und Abnehmschocks endet allmählich, und ein neues Körpergefühl setzt sich immer mehr durch. Es wird auf eine gesunde Ernährung und Lebensweise geachtet, die ständig immer mehr Anhänger findet. Die Welt befindet sich im Wandel, und auch der Schlankheitswahn unterliegt dieser Veränderung.

Zu viele Kilos machen den Menschen krank, das steht außer Frage, doch sollte jeder Mensch sein ganz persönliches Wohlfühlgewicht finden und wieder Freude mit seinem Körper haben.

Das nachfolgende Gebet kann hier sehr hilfreich sein. Nehmen Sie sich auch danach wieder einige Minuten der Ruhe und lassen Sie die Energien fließen. Geben Sie Ihrer geistigen Führung die Zeit und den Raum, um Ihnen die notwendige Hilfe zukommen zu lassen. Atmen Sie ruhig und vertrauen Sie den lichtvollen Energien.

GEBET FÜR DIE FREIHEIT DES GEISTES

Höchste Schöpferkraft,
aus tiefster Seele legen wir unseren Körper,
unsere Seele und unseren Geist liebevoll in Deine Hände.
Wir vertrauen Deiner Führung und wissen,
dass die Engel uns stets behüten und begleiten.

Wir bitten Dich heute besonders, uns beizustehen,
um alle fremden Vorstellungen loslassen
und auflösen zu können, damit wir unseren ganz persönlichen
Weg finden können, der wahr und geistig richtig ist.
Wir bitten Dich um die Kraft Deiner Heilung,
damit unser Körper in Harmonie mit dem Wissen der inneren
Gesundheit seine Idealmaße finden kann.

Bitte stehe uns bei, um alle äußeren Einflüsterungen abzuwerfen
und die Wahrheit zu erkennen.
Erfülle unser Herz mit Deiner Liebe,
damit wir stark und wachsam werden.
Bitte hilf uns, die innere Kommunikation mit dem Körper
wiederzufinden, damit wir ihm und
auch Dir gerecht werden können.
Bitte stehe uns bei, um die Harmonie des Lebens zu fühlen.

Wir wissen, dass Deine Liebe stets mit uns ist,
und danken Dir von Herzen dafür.

8. Man steht extrem unter Stress.

Die Stressproblematik betrifft vermutlich sehr viele Menschen unserer Zeit, und es ist nicht immer leicht, aus ihr einen Ausweg zu finden. Doch gibt es ihn in jedem Fall, man muss sich nur damit auseinandersetzen. Für jede Lebenssituation muss zwar eine eigene Lösung gefunden werden; doch im Prinzip ist alles machbar und vieles veränderbar. Lassen sich die Umstände nicht sofort verändern, dann ist es wichtig, die notwendige Ruhe zu bewahren, denn nach einer gewissen Zeit öffnen sich vielleicht Wege, die man zuvor noch nicht erkennen konnte.

Manchmal stehen auch alte Programme bezüglich bestimmter Lebensvorstellungen im Weg, dann kann folgendes Gebet sehr hilfreich sein.

GEBET ZUR BEFREIUNG VON LEBENSENERGIE

Höchste Schöpferkraft,
aus tiefstem Herzen bitten wir Dich um Heilung unserer Seele.
Bitte hilf uns, die Programme, die tief in unserem Wesen vergraben sind und uns blockieren, in Liebe aufzulösen.

Bitte lasse positive Lebensenergie durch unser Wesen strömen, damit wir die Kraft haben, das Leben zu meistern und die Chancen zur Veränderung wahrzunehmen, wenn eine Änderung ansteht.

Hilf uns, die innere Freiheit zu fühlen, und stärke uns in unserem Streben nach Harmonie mit unserem Körper.
Bitte stehe uns bei in dem Bewusstsein, dass Gefühle der Ruhe und das Bedürfnis nach Frieden nicht mit Nahrung verbunden

sein müssen, sondern schenke uns die Einsicht, dass Halt und Sicherheit nur in Dir zu finden sind.

Gib uns Kraft, um zu verzeihen und loszulassen und schenke uns Deine Liebe.
So möge aller Stress weichen und Deine Liebe die Gewissheit in unserem Inneren reifen lassen, dass wir stets von Deiner Zuwendung getragen sind.
Von Herzen danken wir Dir für Deine Kraft und Deinen Segen.

9. Das Liebes- oder Schutzbedürfnis wird auf das Essen übertragen, Schmerzen, Ängste oder Sorgen werden mit dem Genuss von Nahrung überdeckt.

In unserer heutigen Zeit, in der die Hektik überhand nimmt und die Mitmenschlichkeit so stark minimiert ist, fühlt man sich sehr schnell einsam und verloren. Es wird immer schwieriger, ein Leben in Harmonie zu leben; und Seelen, die in ihrem Inneren eigentlich ein liebevolles Leben anstreben, können dieses Bedürfnis nicht ausdrücken und auch nicht empfangen. Die Wirren in allen Ebenen des Seins sind zu stark.

Nachdem man sich dieses oft verdrängte Muster bewusst gemacht hat, kann man sich die notwendigen Schritte überlegen, wie dieser Mechanismus zu verändern ist. Nicht selten steckt eine tiefe spirituelle Suche nach dem Sinn des Lebens und nach Gott dahinter; die Suche nach einer Vollkommenheit, die wahrhafte Liebe und Frieden beherbergt, ganz egal welcher Glaubensrichtung, Hautfarbe oder Völkergruppe man angehört und wie man diese Vollkommenheit benennt.

Auch fühlen manche Seelen, dass das Erdenleben nicht mit der Schönheit ihrer wahren geistigen Herkunft, den lichtvollen feinstofflichen Ebenen, zu vergleichen ist; dass Lieblosigkeit auf der Erde herrscht und der Schutz Gottes so schwer zu fühlen ist. Man ist Angriffen ausgesetzt und muss sich in den Härten der Welt zurechtfinden. Hier ist es hilfreich zu erkennen, dass dieser Lebensweg einen wichtigen Schritt auf dem geistigen Pfad darstellt und auch dieser Abschnitt in Hingabe und Liebe gegangen werden soll. Dabei kann folgendes Gebet hilfreich sein.

SCHUTZGEBET

Höchste Schöpferkraft und vollendete Liebe,
aus tiefstem Herzen bitten wir Dich
um Deinen Schutz und Deine Führung.
Bitte stärke unseren Verstand, damit wir Deinen Weg erkennen.
Erfülle unser Herz mit Deiner Liebe,
damit wir Dich besser fühlen können,
und durchdringe alle Ebenen unseres Wesens,
damit wir von Deiner Kraft ernährt werden.
Bitte stehe auch unserem Körper bei,
damit er nicht alle Kraft aus der Nahrung nehmen möchte,
sondern von den inneren Energien gespeist werden kann.

Wir atmen Deine Kraft tief in unser Wesen ein und lassen sie
beim Ausatmen durch unseren ganzen Körper strömen.
Wir werden gespeist durch Deine Liebe, das Brot des Lebens.

Wir wissen, dass Deine Liebe stets mit uns ist,
die Engel uns führen
und wir von Deiner Nähe durchdrungen sind.
Uns fließt stets Hilfe und Kraft zu.
Von Herzen danken wir Dir dafür.

10. Rauchsucht verlagert sich auf das Essen.

Ergebnisse der wissenschaftlichen Forschung sagen eindeutig aus, dass sich kein Nachweis erbringen lässt, dass mit dem Aufhören des Rauchens der Körper an Gewicht zunimmt. Es existiert also für die Körperebene keine Grundlage, nach der das Zulegen von Fettgewebe zwangsläufig ist, nachdem mit dem Rauchen aufgehört wurde. Dies ist eine interessante Aussage, denn sie legt die Schlussfolgerung nahe, dass sich die bisherige Sucht nach dem Rauchen auf das Essen übertragen hat. Die Suchtzellen im Gehirn wollen ihre Befriedigung über den Ersatz Essen erreichen, was sich in sehr vielen Fällen auch nachvollziehen lässt.

Es gilt das gleiche Gesetz wie mit allen Süchten. Zuerst muss das Bewusstsein reifen, erst dann kann eine persönliche Entscheidung getroffen werden. Viele Menschen fühlen den richtigen Zeitpunkt, an dem ihr Inneres bereit dazu ist, auch wenn manche Fasern ihres Wesens noch zweifeln mögen.

Dann gilt es vor allem, die *Momente des Verlangens* zu überwinden.

Diese Momente dauern oft nur kurze Augenblicke oder höchstens Minuten, die überwunden werden können, wenn man entweder mit Gebeten oder durch andere Tätigkeiten das Verlangen ablenken kann, bis die Zellen mit der Zeit umprogrammiert und die alten Gewohnheitsmuster aufgelöst werden konnten. Erst dann wird das Verlangen geringer werden.

Die Momente des Verlangens werden nicht von wahren Bedürfnissen hervorgerufen, etwa dem Bedarf an Calcium, bestimmten Vitaminen oder dem Bedarf an frischem Obst. Momente des Verlangens fokussieren sich meist auf Süßigkeiten, Cremes oder Gebratenes. Dazu kommen, je nach Geschmack, knackige Chips oder fette, beispielsweise stark gewürzte Speisen. Dies hat nichts mit Bedarf zu tun, sondern mit einer Fehlausrichtung der Gehirnzellen und Geschmacksrezeptoren. Seelische Bedürfnisse haben sich somit auf den Gaumen verlagert.

Gehen Sie, am Anfang Ihres Veränderungsprozesses, nach Möglichkeit viel spazieren, nehmen Sie ein Fußbad und legen Sie sich eine Karotte oder einen Apfel bereit. Lenken Sie sich am Anfang ruhig ab, um die starken Schein-Bedürfnisse aufzufangen. Überlegen Sie sich etwas, mit dem Sie sich ablenken können, bis diese Schübe nachzulassen beginnen.

Folgendes Gebet kann hier helfen.

GEBET BEI SUCHTVERLAGERUNG

Höchste Schöpferkraft,
bitte hilf mir in diesem Moment des Zweifels
und erfülle mich mit Deiner Kraft.
Bitte stehe mir bei in den Minuten innerer Not,
damit mein Herz wieder Frieden findet.
Bitte durchdringe mich mit Deiner Liebe,
damit Kraft und Zuversicht einkehrt.

Mit großer Gewissheit erkenne ich Deine Hilfe.
Tief atme ich die Energie Deiner Stärke ein
und lasse sie in mir strömen.
Beim Ausatmen lasse ich alle Zweifel und Ängste los
und erkenne, dass Deine Liebe stets mit mir ist.
Sie durchdringt mich, sie stärkt mich
und sie führt mich auf meinen Wegen.

Von Herzen danke ich Dir dafür.

11. Man hat das Gefühl, mit den Wirren und der Schnelllebigkeit unserer Zeit nicht mehr mitzukommen. Man hat keine Zeit mehr für sich selbst.

Es kommt leider sehr oft vor, dass sich der Mensch keine Zeit mehr für sich selbst nimmt. Die Aufgaben des Alltags mit all seinen Anforderungen führen zu Stress und dem Gefühl des Überfordertseins, weswegen man sich für sich selbst keine Zeit einzuräumen wagt. Die Zeit scheint immer schneller dahinzurasen, und die täglichen Änderungen lassen sich kaum noch integrieren. Man hat das Gefühl, mit den Anforderungen nicht mehr zurechtzukommen, geschweige denn für sich selbst Zeit zu haben.

Auch die Energiefelder des Menschen müssen genährt werden – nicht mit Nahrung, sondern mit Zuwendung und Aufmerksamkeit. Bedürfnisse müssen beachtet werden, sonst werden sie durch die Kraft der Gedanken immer größer und nehmen immer mehr Platz ein. Machen Sie sich Ihre Bedürfnisse bereits im Kleinen bewusst, und wenn es wahre Bedürfnisse sind und keine eigenwilligen Bestrebungen, sollten Sie sich sehr bemühen, diese umzusetzen.

Prüfen Sie ihr Leben, wie viel Zeit Sie für sich selber haben. Eine Unterversorgung in den feinen Energieebenen versucht der Körper gerne mit einem Übermaß an Nahrung auszugleichen. Dann hat er nichts anderes und steigert sich als reine Ersatzbefriedigung in das Essen hinein. Da aber Zuwendung und Aufmerksamkeit lebensnotwendig sind, wird dieses Streben immer stärker und berührt mit der Zeit existenzielle Ebenen.

Dann ist es wichtig, zu erkennen und zu handeln. Versorgen Sie sich mit Energie von anderen Ebenen als über die Nahrung. Machen Sie sich eine Gesichtsmaske oder nehmen Sie ein entspannendes Bad. Schminken Sie sich, gehen Sie in die Sonne, treiben Sie Sport, und gehen Sie vor allem an die frische Luft. Eventuell lassen Sie sich eine Massage geben oder schauen bei Ihrer Kosmetikerin vorbei. Haben Sie Freude am Töpfern, Malen oder Blumenstecken? Möchten Sie schon lange eine Sprache lernen? Reisen Sie doch einmal wieder, besuchen Sie Freunde, forschen Sie in ihrem Inneren, was Ihnen Freude machen würde. Das muss gar nicht auf Kosten der Familie gehen. Wenn Sie Ihr Bedürfnis einmal offenlegen, werden Sie vielleicht bemerken, dass man sich darüber freut, dass Sie etwas für sich selber tun. Dies ist sehr wichtig und fördert die Selbstachtung. Dann erfüllt Freude die bedürftigen Bereiche Ihres Wesens, und sie müssen nicht mehr mit dem Essen ausgeglichen werden.

Hat man sich schon lange Zeit nicht mehr um seine wahren Bedürfnisse gekümmert, ist es gar nicht so leicht, diese wieder deutlich zu spüren. Sie wurden manchmal so gründlich verdrängt, dass es eine Weile dauert, bis man überhaupt wieder weiß, was es bedeutet, auf sein Inneres zu hören und die eigenen Wünsche wahrzunehmen. Die Worte: „Du sollst Gott über alles lieben und Deinen Nächsten wie Dich selbst", beinhalten somit auch die Aufmerksamkeit auf die eigene Person, damit die höhere Kraft und Liebe durch uns fließen können.

Hier können folgende Worte helfen.

GEBET FÜR MEHR ZEIT UND ACHTUNG FÜR SICH SELBST

Höchste Schöpferkraft,
aus tiefster Seele bitte ich Dich um Deinen Beistand.
Bitte hilf mir, die wahren Bedürfnisse meines Wesens
zu erkennen, und schenke mir die Kraft, diese auch umzusetzen.

Bitte lasse die alten Programme falscher Demut in mir weichen
und befreie meine Seele von alten Ängsten und Unfreiheiten.

Meine ganze Liebe ist bei Dir, und ich fühle Deine Nähe.
Von Herzen danke ich Dir für Deine Hilfe.
Möge Dein Segen stets mit mir und allen Menschen sein.

12. Man hegt einen großen Wunsch in sich, sieht aber keine Chance für seine Verwirklichung. Das Unterbewusstsein fängt diesen Schmerz mit Gaumenfreuden auf.

Bei diesem Punkt sind viele Möglichkeiten gegeben. Beginnen wir bei der ursprünglichen Berufswahl. Manchmal wirkten die Vorstellungen der Eltern hinein, und der junge Mensch ließ sich von ihnen leiten; oder es ging um Wünsche im materiellen Bereich, die bei der Berufsentscheidung dominierten. Vielleicht ist die Partnerschaft mit einem bestimmten Menschen das Thema, die sich nicht wie erwartet entwickelte. Es kann auch ein bestimmtes Hobby oder ein Urlaub sein, der noch in weiter Ferne liegt. Was auch immer den Hintergrund bildet, es gibt immer nur zwei Wahlmöglichkeiten. Entweder muss die Situation verändert werden, damit sich das Ziel des Wunsches erreichen lässt, wofür Sie die notwendige Einstellung und Kraft benötigen, oder Sie akzeptieren die bestehende Situation, und der Wunsch nach Veränderung wäre negativ für Sie, was Sie nur noch nicht erkannt haben, weshalb Sie mit alten Vorstellungen hadern. Meditieren Sie über die wahren Hintergründe. Wenn Sie ein zu intensives Drängen in Ihrem Inneren verspüren, kann dies auf einen starken Eigenwillen hindeuten, der nicht Ihr wahres Lebensziel darstellt und Ihrer geistigen Führung widerspricht. Sie müssen herausfinden, indem Sie in der Stille nach innen gehen, welches Ihre wahren Ziele und welches von außen kommende Wunschvorstellungen sind, die Sie von Ihrem Weg wegführen.

Es kann auch vorkommen, dass Menschen sich beruflich in eine spirituellere Richtung verändern wollen. Sie möchten helfen, therapeutisch tätig werden oder sich mit den tieferen Dingen des Lebens auseinandersetzen. Doch sie sehen keine Chance für eine Veränderung. Hier kann es dennoch sein, dass sie am richtigen Platz stehen, da sie genau an dieser Stelle und an diesem Ort einen Lichtimpuls einbringen sollen. Sie sind für andere suchende Seelen genau an diesem Ort ein Halt, geben ihnen einen seelischen Impuls und dürfen gar nicht gehen. Wenn dies erkannt wird, kann wieder Frieden mit der Situation entstehen, und man hat erneut das Gefühl, geführt zu werden. Manchmal stellt sich Dienen auf dieser Erde als schwierig und voll Schwere dar; dennoch ist es der einzige Weg zu wahrem Seelenheil und zur wahren Erfüllung der Wünsche der Seele.

Bei Richard zeigte sich nach seiner vierten Meditation, die er mit einem suchenden und schmerzenden Herzen durchgeführt hatte, dass er an seinem Arbeitsplatz doch genau richtig war. Bei den kommenden großen Veränderungen wird er dort bestimmte Aufgaben übernehmen. Dies wird von ihm den Einsatz all seiner Kräfte erfordern, dafür sollte er sich zuvor noch innerlich reinigen. Würde er sich jetzt intensiv um eine radikale Änderung seines Lebens bemühen, könnte er sich diese innere Vorbereitung auf dem geistigen Weg nicht erarbeiten und hätte danach auch nicht die notwendigen Kraftreserven, um seiner Aufgabe gerecht zu werden. Als er dies klar erkannte, dankte er seiner Führung und war wieder mit seiner bestehenden Situation zufrieden.

GEBET FÜR EINE KLARERE INNENSCHAU

Höchste Gottheit,
aus tiefster Seele bitte ich Dich
um Unterstützung für meine innere Suche.
Bitte führe mich in der Entscheidung,

ob mein Sehnen verwirklicht werden kann oder mein Inneres erkennen muss, dass der Platz, an dem ich stehe, der richtige ist.

Bitte durchdringe mich mit der Wahrheit des Geistes und unterstütze mich bei der Wahl für den richtigen Weg.
Ich bin bereit, auch Negatives anzusehen, wenn es meiner Befreiung dient und mich einzufügen, wenn es für meine Seele hilfreich ist.
Doch gib mir die Kraft, wenn ich etwas verändern oder aus bestehenden Zwangsmustern entfliehen soll.
Bitte führe meine zweifelnde Seele und schenke mir die Stärke, um diese Prüfung zu meistern.

Von Herzen danke ich Dir für Deine Führung und lege mein Sein in Deine Hände.

13. Man hat das Gefühl, funktionieren zu müssen, ohne an die eigenen Bedürfnisse denken zu können. Man fühlt sich überfordert und kraftlos.

Dieses Gefühl kennt sicher jeder Mensch aus bestimmten Phasen seines Lebens. Doch manchmal nimmt die Verzweiflung so überhand, dass es fast an depressive Gefühle grenzt und man sich extrem überfordert und ohne Antrieb fühlt. Man hat das Gefühl, dass sich alles nur um Zwänge, um Arbeit und um Unterdrückung dreht, aber die eigenen Bedürfnisse in keiner Weise mehr erfüllt werden. Auch hier sucht das Unterbewusstsein sehr schnell nach Lösungen, um wieder an die Ausschüttung von Glückshormonen zu gelangen – und wählt umgehend den Weg über den Genuss von Essen. Mitunter spürt der betroffene Mensch diese Vorgänge sehr bewusst, lässt es jedoch zu, da er in diesem Moment keine andere Art und Weise mehr sieht, wie er mit dem Problem umgehen soll. Dann sagt er sich manchmal schon mittags: „Wenn ich heute Abend nach Hause komme, lasse ich es mir so richtig gut gehen!“

Doch eine Lösung lässt sich mit der Zeit immer finden. Jede Situation möchte dem Menschen etwas zeigen oder fordert von ihm bestimmte Opfer, die der Reifung der Seele dienlich sind. Im Bemühen um die Lösung wird sie sich auch mit der Zeit einstellen.

GEBET BEI ÜBERFORDERUNG

Höchste Schöpferkraft,
aus tiefster Seele bitte ich um Deinen Beistand und Deine Hilfe.
Meine Seele ist wund und mein Körper fühlt sich schwach.
Bitte hilf mir, die richtige Lösung zu finden;
zu ändern, was ich ändern kann, oder zu akzeptieren,
was ich akzeptieren muss.

Bitte stehe mir bei, die Erkenntnis in meinem Herzen und
meinem Geist zu finden, damit mein Körper sich den Trost und
die Zuwendung nicht über den Genuss von Essen holen muss.

Bitte erfülle mein Sein mit Deiner Weisheit und durchdringe
mich mit der Kraft Deiner Liebe und mit Deinem Segen.
Ich vertraue auf Dich und weiß, dass Du und Deine Engel stets
mit mir sind, mich führen und leiten auf meinem Weg.
Von Herzen danke ich Dir für Deine Führung.

14. Man weiß im Innersten seines Wesens, dass man von Gott geliebt wird, doch der Alltag und die Schwere des Lebens bringen sehr viele Angriffe und Lieblosigkeit mit sich. Man fühlt sich beleidigt und zurückgewiesen. „Warum lässt Gott dies zu?“

Wenn Kinder geboren werden und in einer Umgebung aufwachsen, in der sie geliebt und geachtet werden, entwickeln sie ein gesundes Gefühl für die Liebe der Umgebung und von Gott. Eine Sicherheit durchdringt sie, die uns Erwachsene immer wieder in Erstaunen versetzt. Wenn diese Kinder in ein Zimmer treten, hat man das Gefühl, als würden sie sagen: „Hallo, hier bin ich. Liebt mich, ich liebe euch auch." Sie fühlen sich sicher und geliebt. Doch während sie größer werden, beim Spiel mit anderen auf der Straße, im Kindergarten und in der Schule, kann dieses Gefühl der Sicherheit und Annahme sehr schnell einem Gefühl von Frust und Schmerz weichen. Mitunter machen sich auch innerhalb einer Familie Eifersucht oder Hader breit, dann schwindet das natürliche Gefühl der Gottesnähe sehr schnell, und der Körper sucht nach anderen Lösungen für das Glücklichsein.

Für den Erwachsenen können, je nach Lebenslage, entweder der Frust aus den Härten der Kindheit oder auch später eintretende schwierige Lebenslagen ein Gefühl des Nicht-Geliebt-Werdens bewirken, das der sensiblen Seele Schmerzen verursacht.

Wenn man die Härten der Welt betrachtet, den Neid und die Missgunst, die überall herrschen, wirkt es nicht verwunderlich, wenn man von diesen Gefühlen überwältigt wird. Gerade feinfühlige Menschen haben es hier besonders schwer, da sie in ihren Herzen bereits fühlen, wie ein Leben der Menschen in Liebe zueinander aussehen könnte. Dann bringt die Erkenntnis der Lage besondere Bitterkeit, und die Schmerzen beginnen.

Hier hilft es, sich immer wieder bewusst zu machen, dass sich ein geistiger Sinn hinter allem verbirgt. Wenn der Mensch sich wieder auf die göttliche Liebesenergie einstellen kann, wird er den scheinbaren Verlust seiner seelischen Geborgenheit überwinden und eine neue Verbundenheit mit einer höheren Welt bewusst wahrnehmen können.

GEBET FÜR DAS SCHMERZENDE HERZ

Vollendete Liebe,
aus tiefster Seele bitte ich Dich
um Deinen Schutz und Deinen Halt.
Meine Gefühle sind verwirrt,
und meine Seele hadert und schmerzt.
Bitte durchdringe mich mit der Sicherheit Deiner Nähe,
stärke mich mit der Gewissheit Deiner Zuwendung und
erfülle mein Herz mit der bewussten Erfahrung Deiner Liebe.

So erkenne ich meinen Weg und bin dankbar für Deine Weisung.
Bitte harmonisiere die Kräfte meines Körpers und lasse ihn nicht
länger über den Genuss einen Ersatz suchen.
Schenke ihm Stärke und das Gefühl Deiner Nähe.
Von Herzen danke ich Dir für Deine Kraft und Deine Liebe.

15. Bei bestehender Dickleibigkeit: Rückzug in persönliche Isolation, da man glaubt, überall auf Ablehnung zu stoßen.

Machen Sie sich bewusst, welch wertvoller Mensch Sie sind. Da Sie Ihr Bestes geben, hat niemand das Recht, Sie zu verurteilen. Meist ist es nur die eigene Unsicherheit, die einem solche Verurteilungen vorgaukelt, während die Mitmenschen ein viel positiveres Bild haben. Prüfen Sie sich und den Umgang mit Ihrer Umgebung. Bei einer liebevollen Ausstrahlung spielen die Kilos überhaupt keine Rolle. Sind Sie krankhaft übergewichtig, sollten Sie für Ihre Gesundheit eine Änderung herbeiführen; aus Ihrer eigenen Entscheidung und mit der neu gewonnenen Kraft, die Sie vielleicht aus diesem Buch schöpfen können. Zusätzlich können Sie mit einem/r Ernährungsberater/in oder mit ärztlichem Beistand arbeiten. Setzen Sie sich ein positives Bild von Ihrem Körper als Ziel und denken Sie bei der Umsetzung nicht an Arbeit, Mühe und Verzichten, sondern an eine gesunde Änderung, an ein neu gewonnenes positives Körpergefühl sowie an die Leichtigkeit des Seins. Haben Sie wieder Freude an Ihrem Körper und Ihrem Leben.

Prüfen Sie die aufgelisteten Punkte und forschen Sie in Ihrem Herzen nach den Hintergründen, warum Sie im Essen Ihre Erfüllung gesucht haben.

GEBET FÜR EIN POSITIVES KÖRPERGEFÜHL

Höchste Schöpferkraft,
aus tiefster Seele bitte ich Dich,
mich bei der Veränderung meines Lebens zu unterstützen.
Bitte durchdringe mich mit der Gewissheit Deiner Liebe
und gib mir Selbstvertrauen im Umgang mit anderen Menschen.
Lasse mich Deine Liebe spüren,
damit alle meine Zellen mit Deinem Licht erleuchtet werden.

Bitte erfülle mich mit der Sicherheit Deiner Nähe
und der Kraft Deiner Zuwendung.
Stehe mir bei, um alte Bilder, unnötige Ungewissheit
und Schwäche hinter mit zu lassen
und einen neuen Weg von Stärke, Liebe und Sicherheit zu gehen.

In meiner Seele fühle ich Deine Liebe und bitte Dich,
auch meinen Körper mit der Kraft dieser Führung zu stärken.
Mein Vertrauen ist bei Dir,
und mein Herz öffnet sich für Deine Liebe.
Von Herzen danke ich Dir.

16. Die vielen Kilos erschweren den Sport, man ist träge und der Körper fühlt sich schwer an. Manchmal wird zu wenig geschlafen, man bewegt sich zu wenig und fühlt zu wenig Freude.

Hier empfiehlt es sich, das Kapitel 15 durchzuarbeiten, um die entsprechenden Veränderungen im Alltag einzuleiten und mit dem notwendigen Bewusstsein die nächsten Schritte vorzubereiten.

Am Anfang ist es zunächst wichtig, den inneren „Schweinehund" zu überwinden und sich sportlich zu betätigen. Man muss auf genügend Schlaf achten und sich in der Sonne und an der frischen Luft bewegen. Das Licht löst im Gehirn ebenfalls eine Ausschüttung der Glückshormone aus. Sobald sich der Mensch wieder liebevoll um die Gesundheit seines Körpers kümmert, nimmt das Körperbewusstsein diese Veränderung wahr und hilft mit, um die inneren Blockaden von Schwere und Trägheit zu überwinden. Versuchen Sie, diese innere Körperweisheit zu erfühlen und die wahren Bedürfnisse Ihres Wesens herauszufinden.

GEBET FÜR MEHR BEWEGUNGSFREUDE

Höchste Schöpferkraft,
aus tiefstem Herzen bitte ich Dich
um Heilung für meinen Körper und meine Seele.
Bitte hilf mir, die alten Programme, die tief in meinem Wesen vergraben sind, in Liebe aufzulösen. Bitte stärke meinen Körper, damit er die Kraft und Freude der Bewegung wiederfinden kann.

Bitte stehe mir bei in dem Bewusstsein, dass Gefühle der Liebe und Freude nicht mit Nahrung verbunden bleiben.
Hilf mir, die Freiheit von Angst und Zurückweisung zu finden und stärke mein Streben nach Harmonie mit dem Körper.

Gib mir die Kraft des Loslassens von Altem,
und lasse Deine Liebe zu mir fließen.

So mögen die alten Ängste durch Deine Liebe ersetzt werden
und die Gewissheit in meinem Inneren reifen,
dass ich stets von Deiner Zuwendung getragen bin.
Von Herzen danke ich Dir für Deine Kraft und Deinen Segen.

17. Man hat ständig Heißhunger auf Süßes.

Hier können verschiedene Ursachen vorliegen. Manche Menschen essen zu den Hauptmahlzeiten sehr wenig. Sie haben sich vorgenommen abzunehmen und möchten dies mit stark verringerten Mahlzeiten erreichen. Doch schon bald nach den Mahlzeiten bekommen sie wieder Hunger und stillen diesen Hunger mit Süßigkeiten, mit einem Schokoriegel oder kleinen Snacks, die meist regelrechte Kalorienbomben darstellen. Sehr oft wird zu den Hauptmahlzeiten einfach das Falsche oder zu wenig gegessen. Dann bleibt zwar im Denken die Vorstellung erhalten, man esse doch wirklich wenig, doch die Hungerstiller zwischendurch werden ignoriert.

Würden in entsprechender Menge Getreide, Gemüse, Kartoffeln oder Tofu gegessen, würde die schnell einsetzende Gier nach Süßem im Anschluss an die Hauptmahlzeiten bald nachlassen. Prüfen sie, wie viel Sie tatsächlich täglich zu sich nehmen.

Das Hunger- wie das Sättigungsgefühl wird durch den Blutzuckerspiegel gesteuert. Bei niedrigem Blutzuckerspiegel reagiert der Körper mit Hunger. Dann sollten möglichst hochwertige Kohlenhydrate eingesetzt werden, kein Zucker oder Weißmehl. Eine Ernährungsberatung kann Ihnen hier weiterhelfen. Werden für den Hunger intensiv gezuckerte Speisen verzehrt, steigt der Blutzucker zwar schnell an, doch fällt er ebenso schnell auch wieder ab. Dann setzt der Heißhunger auf Süßes erneut ein. Werden Nahrungsmittel zugeführt, die den Körper mit Kohlenhydraten versorgen, die langsam abgebaut werden, also Vollkornprodukte, Hirse, Naturreis, Obst oder Gemüse, sinkt der Blutzuckerspiegel nicht so drastisch ab, und die heftigen Kurven bleiben aus. Bei einem regelmäßigen Verzehr vollwertiger Produkte wird das Glückshormon Serotonin genauso produziert wie bei Süßem, da das Gehirn mit den hochwertigen Kohlenhydraten über einen längeren Zeitraum versorgt wird als über die schnellen Zuckerspitzen.

Kommen Sie auch mit einer Veränderung der Essgewohnheiten nicht weiter, sollten Sie mit Ihrem Arzt prüfen, ob nicht Darmpilze vorhanden sind oder Allergien, die Reaktionen wie Heißhunger und Suchtverhalten auslösen können. Hier hilft der konsequente Umgang mit sich selbst und eine Umstellung der Essgewohnheiten.

Mitunter kann es auch an einem Zuviel von Eiweißzufuhr liegen. Wird zu viel Fleisch, Wurst oder Käse gegessen und werden zu wenige hochwertige Kohlenhydrate aufgenommen, wird die Ausschüttung von Serotonin ebenfalls blockiert, und erst das Süße danach bringt die ersehnte gute Laune. Bei einer ausgewogenen Ernährung können solche Kalorien als Nachspeise eingespart werden.

Hier ist Ihr Einsatz und der Umgang mit der Nahrung gefordert. Stellen Sie sich Ihren Körper vor, wie Sie ihn gerne haben möchten, vor allem wenn er zurzeit vielleicht nicht diesen Vorstellungen entspricht. Sehen Sie dieses positive Bild als Ziel und überschütten Sie Ihren Körper auf keinen Fall mit ablehnender Energie. Dies blockiert ihren Zugang, und Ihr Körper kann mit der Zeit durchaus beleidigt reagieren. Die Liebe ist der Weg.

GEBET ZUR HARMONISIERUNG DER KÖRPERBEDÜRFNISSE

Vollendete Liebe,
aus tiefstem Herzen bitte ich Dich um Kraft und Wegweisung für den Umgang mit meinem Körper.
Meine Gefühle sind verwirrt und mein Körper durcheinander.
Bitte stehe mir bei, um die Wahrheit zu erfühlen, und erfülle mich mit der notwendigen Willenskraft, um die Situation zu verändern.

Bitte stärke mein Durchsetzungsvermögen und lasse mich Deine Nähe fühlen, damit ich in der Gewissheit Deiner Liebe die anstehenden Veränderungen durchführen kann.
Bitte erfülle mich mit dem Halt Deiner Liebe und Deinem Segen, damit ich die Kraft aufbringen kann, meinen Körper zu lieben und zu ehren, als das Gefäß, das mich in diesem Leben trägt.
Bitte stehe mir bei, damit ich die Blockaden erkennen und ändern kann und wieder die Kraft der geistigen Führung spüre, die mich allezeit inspiriert und unterstützt.

So möchte ich den Engeln meine Liebe schenken und ihnen danken für ihren unermüdlichen Einsatz in meinem Leben.
Von Herzen danke ich Dir für Deine Liebe und Deinen Segen.

18. Die Zeit der Erkenntnis, dass mit etwa fünfunddreißig Jahren der veränderte Stoffwechsel den Körper bei den meisten Menschen an Gewicht zunehmen lässt, wurde nicht wahrgenommen. Man hat sich mitreißen lassen, ohne zu erkennen, oder man hat sich noch nicht mit den Hintergründen einer gesunden Lebensweise auseinandergesetzt und hält am Gewohnten fest.

Für Caroline war die Trennung von ihrem Mann zwar sehr schmerzlich, doch bot sich ihr dadurch auch ein ganz neues Lebensziel. Sie zog mit ihrer Tochter in eine fünfhundert Kilometer entfernte Stadt, mietete sich ein kleines Ladengeschäft und erfüllte sich dort ihren lang ersehnten Lebenswunsch, ein Blumengeschäft zu eröffnen. Sie fand mit ihrer Tochter unweit von der Schule und ihrem neuen Geschäft eine kleine Wohnung, was sie sehr glücklich machte. Die Tochter gewann schnell Freunde und fühlte sich bald wohl in der neuen Stadt. Auch Caroline war froh und dankbar, doch machte sich auch die große Last der Verantwortung und die Angst breit, die monatlichen Einnahmen nicht erwirtschaften zu können, damit sie ihrer Tochter den notwendigen Lebensstandard bieten konnte.

Sie benötigten zwar persönlich nicht viel, doch die Ausgaben waren dennoch recht hoch. Für viele Frauen ist der Umgang mit der Überlebensenergie am Anfang ihres Single-Daseins eine dramatische Erfahrung. Die harte Energie der Geschäftswelt, die bislang vom Ehemann aufgefangen wurde, hängt nun ungefiltert an der Frau. Sie ist allein für alles verantwortlich. Der Verlust der bisherigen Sicherheit, dass der Lebenspartner für das monatliche Einkommen sorgt, zuzüglich zu allen anderen Arbeiten im neuen Geschäft, stellen große Herausforderungen dar. Das neue Leben beinhaltet somit *alle* Bereiche, die bisher in der Lebensgemeinschaft aufgeteilt waren. Sie musste nun immer noch kochen, immer noch putzen, sich immer noch um die Tochter kümmern (was sie sehr gerne tat) und hatte gleichzeitig die komplette Verantwortung für das monatliche Einkommen. Das war eine große energetische Last, mit der Caroline nicht gerechnet hatte. Sie fragte sich auch immer wieder, ob die Menschen im Grunde auf das Leben wirklich vorbereitet werden? Oder war sie selbst wieder diejenige, die es nicht verstanden hatte?

Irgendwie hatte sie auch das Gefühl, dass sie in der Geschäftswelt in gewisser Weise vermännlichte. Sie lernte, sich durchzusetzen und ihre weiche Seite für das Privatleben aufzuheben. Doch irgendwie gefiel ihr das auch. Sie fühlte sich kompletter, da sie beide Seiten in sich vereinte.

Nachdem sie vor Jahren geheiratet und ihre Tochter zur Welt gebracht hatte, erkannte sie, welche große Verantwortung plötzlich auf ihren Schultern lag – das Leben eines jungen Menschen, der vielleicht zwanzig Jahre von ihrer Hilfe abhängig war. Sie tat es sehr gerne, denn sie liebte ihre Tochter und hätte ihr Leben für sie gegeben, doch gleichzeitig erkannte sie, dass ihr von keiner Seite jemals das ganze Ausmaß der Verantwortung klargemacht worden war. Viele Jahre war sie zufrieden als Mutter und Hausfrau, doch dann keimte in ihr der Wunsch nach der Erfüllung ihrer Bedürfnisse auf. Da ihr Mann dies in keiner Weise unterstützte, sondern sie eher zu unterdrücken versuchte, wurde ihr schnell klar, dass sie nur an seiner Seite bleiben konnte, wenn sie ihr Leben aufgab und allein für ihn lebte. Doch das konnte und wollte sie nicht. Es musste mehr geben.

Sie erzog ihre Tochter zu einem freien Menschen, und als sich die Möglichkeit bot, trennte sie sich und entschloss sich, ihren eigenen Weg zu gehen. Ihre Tochter liebte auch ihren Vater, war jedoch mit Begeisterung an der Seite ihrer Mutter auf ihrem neuen Weg.

Caroline war zeit ihres Lebens schlank gewesen. Ihr Mann war immer wieder entzückt, dass sie ihre gute Figur nach der Geburt ihrer Tochter fast vollständig wiedererlangt hatte. Sie musste sich nie sorgen, aß, was sie wollte, und machte sich keine Gedanken. Sie bewegte sich viel, trieb Sport und hatte Freude am Tanzen. Doch nun hatte sie weder Zeit für ihren Sport noch Zeit für das Tanzen. Sie arbeitete viel und hatte in ihrem kleinen Laden auch keine große Bewegung. Sie stand beim Binden ihrer Gestecke viel und war nur wenig unterwegs. Wenn sie abends heimkam, konnte sie gerade noch kochen und das Nötigste im Haushalt bewältigen, dann warf sie sich nur noch auf die Couch.

Mit der Zeit konnte man diesen Tagesablauf deutlich an ihrer Figur ablesen. Sie war inzwischen achtunddreißig Jahre, und ihr Stoffwechsel verlangsamte sich. Sie nahm immer mehr zu, ignorierte es aber und redete es sich bei aufkeimendem Zweifel schön. Das ging immer ganz schnell. Sie wollte ja keinen Mann mehr, also warum sollte sie sich beschränken. Sie benötigte ihre Energie für den Aufbau ihres Geschäftes und konnte sie nicht für Sport und Freizeit einsetzen.

Nach einigen Jahren florierte ihr Geschäft, und sie konnte sich eine Angestellte leisten. Plötzlich hatte Sie wieder Zeit, über ihr privates Leben nachzudenken. Mit Entsetzen registrierte sie, dass sie zweiundzwanzig Kilogramm zugenommen hatte und das Atmen bei jeder größeren Bewegung schwierig wurde. Was war aus ihr geworden?

Zuerst einmal besänftigte sie ihr aufgewühltes Gemüt dadurch, dass sie sich klar machte, inwieweit der Alltag die Achtsamkeit für ihre Figur total in den Hintergrund gedrängt hatte. Es war wichtiger, wieder Fuß zu fassen und für sich und ihre Tochter eine Lebensbasis zu errichten, auf der sie beide gut leben konnten; und einmal am Tag musste man doch essen und es sich gut gehen lassen. Sie freute sich nach schweren Tagen immer auf den Genuss am Abend.

Dennoch wurde ihr klar, dass keine Information aus ihrem Umfeld ihr jemals vor Augen geführt hatte, dass man seine Figur vorher in den Griff bekommen sollte, *bevor* man zwanzig Kilos angesetzt hätte. Oder hatte sie einfach nichts gehört? War sie taub für die Warnhinweise aus Ihrer Umgebung? Sie war verwirrt. Musste man sich im Leben denn alles selber erarbeiten? Ließen einen denn alle allein? Nun fühlte sie sich wieder frustriert, und die nächsten beiden Abende verbrachte sie wieder mit üppigem Essen, um ihren Frust zu bekämpfen.

In ihrem schönen Geschäft wurde sie am nächsten Tag von einer Kundin gefragt, ob sie schwanger sei? Das war der Tropfen, der das Fass zum Überlaufen brachte. Nach so vielen Hinweisen aus ihrer Umgebung war sie sich sicher, dass sie nun endlich eingreifen musste, um die Situation zu verändern.

Daraufhin las sie einige Bücher, in denen sie über die körperlichen Umstellungen informiert wurde, die den Stoffwechsel verlangsamen und das Abnehmen mit zunehmendem Alter erschweren. Nachdem sie sich zum ersten Mal intensiv mit dem Thema Ernährung auseinandergesetzt hatte und erfuhr, welche Lebensmittel gesund waren und wie viel Kalorien sie enthielten, erschrak sie bei der Erkenntnis, welche Ausmaße dies tatsächlich hatte. Sie übernahm einen vorgefertigten Speiseplan: Bei dem durfte man zum Frühstück einen Eiweißdrink mit 200 ml fettarmer Milch trinken, als Zwischenmahlzeit zwei dünne Scheiben Knäckebrot mit einem Hauch von Streichkäse essen; mittags dann einen Teller Gemüsesuppe; nachmittags einen Apfel und einen Kornriegel, und als Abendbrot gab es ein kleines Stück Hühnchenfleisch mit Reis. Das waren zusammen 1.100 Kcal. Sie war geschockt, wie wenig das war und wie viel sie eigentlich immer gegessen hatte;

vor allem die vielen Snacks zwischendurch. Sie hatte ja keine Ahnung von bewusster Ernährung. Sie dachte sich, wenn es vielen Menschen so ginge, sei es kein Wunder, dass das Figurhalten ein solches Problem darstelle.

Sie unterstützte ihr Vorhaben nun damit, dass sie in der ganzen Wohnung Zettel aufhing mit Inhalten wie:

- Ich möchte wieder schlanker werden, damit ich mich in meinem Körper wohl fühle.
- Sobald ich mein Wohlfühlgewicht erreicht habe, kann ich mir wieder schöne Kleider kaufen.
- Mein Innerstes wird erfüllt von Liebe, und alle Engel sind bei mir. Ich muss mich daher nicht mit Essen ablenken und vollstopfen.
- Die Freude des Lebens wird mir von anderen Dingen geschenkt.

Sie beschloss, nach langer Zeit, für sich und ihre Tochter wieder einen Urlaub in Italien zu buchen, auf den sich beide sehr freuten. Caroline hatte nun einen weiteren Ansporn, um sich anzustrengen und mit viel Sport und Bewegung ihren Körper wieder in Form zu bringen. Sie wusste genau, dass nicht der Urlaub und die Badefigur das Ziel waren, sondern es darum ging, gesund und vital zu bleiben. Doch in diesen ersten Schritten nahm sie diesen kleinen psychologischen Trick gerne zu Hilfe. Sie leistete sich auch einen Fahrrad-Heimtrainer, den sie gerne nutzte.

Am Anfang hatte sie einige Rückschläge bei der Erkenntnis, dass sich das Sehnen nach Zuwendung oder die Bekämpfung von Stress nicht mit Essen verschlucken ließen. Sie bemerkte, dass sie dann zum üppigen Essen griff und alle guten Vorsätze schwanden, wenn sie sich verletzt fühlte, wenn Probleme auftauchten oder wenn nervige Kunden in ihrem Geschäft auftauchten. Dann fühlte sie sich regelrecht beleidigt von der Schöpfung, wenn solch ein

Mensch in ihrem schönen Laden sein Unwesen trieb. Doch mit der Zeit lernte sie, auch damit umzugehen; und wenn sie mitunter der Esslust frönte, verband sie dies spätestens am nächsten Tag mit etwas mehr Sport oder dem Ersatz eines Essens mit einem Eiweißdrink.

Folgendes Gebet hat ihr besonders geholfen:

GEBET FÜR SCHUTZ UND STÄRKE IM ALLTAG

Höchste Schöpferkraft,
aus tiefster Seele bitte ich Dich um Hilfe für mein Leben.
Bitte lasse Deine Engel ihre Schwingen über mich ausbreiten,
damit ich in Ihrer und Deiner Liebe geborgen bin.
Bitte stärke mich für die Last des Lebens,
gib mir Halt in den Stunden des Zweifels und lasse das Gefühl
der Geborgenheit mein Wesen durchdringen.

Bitte schütze mich in allen Gefahren und lasse mich auch dann
Deine Liebe und Deinen Schutz fühlen,
wenn mich Angriffe von außen verzagen lassen.
Mein Herz sehnt sich nach Geborgenheit,
meine Sinne suchen Erfüllung, und
mein Körper möchte sich ohne Belastung bewegen können.
Bitte hilf mir, die Harmonie
von Körper, Seele und Geist wiederzufinden,
und schenke mir die Kraft,
meine Vorsätze für einen gesunden Körper auch umzusetzen.

Mein Inneres fühlt die Nähe Deiner Liebe und weiß,
dass Du immer bei mir bist.
Von Herzen danke ich Dir dafür.

DAS ESSEN ZU HAUSE IST SO LECKER

Reinhold arbeitet seit vielen Jahren in einer angesehenen Firma. Die Arbeit machte ihm zwar Freude, doch gab es immer wieder Umstellungen und Aufträge, die ihm schwer zu schaffen machten. Er war verheiratet und hatte zwei erwachsene Söhne. Auch bei ihm hatte es sich gezeigt, dass er ab seinem sechsunddreißigsten Lebensjahr immer mehr zunahm. Er war nie dünn gewesen, doch war er mit seiner Figur bislang immer zufrieden. Dieser Umstand änderte sich nun auf unübersehbare Weise. In der Arbeitszeit gab es am Mittag Kantinen-Essen, das erst seit kurzem auch Gerichte beinhaltete, die vollwertig oder kalorienreduziert waren. Er trank Mineralwasser oder ungesüßten Tee und konnte so unter der Woche seine Kalorienmenge gut dosieren und einhalten.

Er sehnte sich immer mehr nach den Wochenenden und bemerkte dabei sehr schnell, dass er das Wochenende immer wie ein Fest betrachtete. Dieses Programm erkannte er sehr schnell, da ihm immer wieder Gedanken wie: „Am Wochenende kannst du wieder so richtig genießen!“ oder „Am Wochenende lasse ich es mir gut gehen!“ in den Kopf schossen. Er bemerkte bald, dass sein Wohlgefühl immer mit Essen gekoppelt war, zumal seine Frau ausgezeichnet kochte. Seine Söhne waren an den Wochenenden oft zu Hause, und es wurde gemeinsam gegessen. Das war zwar sehr schön, doch für seine Gewichtszunahme ein Dilemma. Was sollte er tun?

Er besprach die Situation ausführlich mit seiner Frau, damit sie Bescheid wusste, wenn er sich den Teller nicht mehr bis zum Rand füllte, sondern versuchte, mit zwei Dritteln zurechtzukommen. Er wusste, dass er mehr aus Genuss als aus Bedürfnis gegessen hatte. Er genoss nun jeden Bissen auf andere Art und Weise und aß viel langsamer, was den gleichen Zeitrahmen des bisherigen Genusses einnahm. Er roch das Essen intensiver, kostete wachsamer und atmete die Energie des Essens tief in sich ein.

Jedes Wochenende plante er Zeiten für Sport ein. Er joggte oder radelte, und nach kurzer Zeit gesellte sich die ganze Familie dazu. Sie unternahmen Ausflüge mit dem Rad oder wanderten, je nach Lust und Laune. Schlemmte er dennoch an bestimmten Tagen und gönnte sich einen unbeschwerten Genuss, legte er am nächsten Tag einfach einen größeren Zeitrahmen für den Sport fest.

Folgendes Gebet hat ihn sehr unterstützt.

GEBET ZUR STÄRKUNG BEI LEBENSVERÄNDERUNGEN

Höchste Schöpferkraft,
von Herzen bitte ich Dich, meinen Körper mit Deiner Kraft zu durchdringen.
Bitte schenke mir die Weisheit, um zu erkennen,
dass mein Körper auch mit weniger Nahrung zurechtkommt,
dass unterbewusste Strukturen an die Oberfläche gelangen und wahrnehmen,
dass auch kleinere Mengen einen vollen Genuss erlauben.

Tief atme ich die Kraft Deiner Liebe ein, und alle Ebenen werden von ihr durchdrungen.
Sie nährt und sättigt mich, und Dein Schutz ist immer für mich da.

Von Herzen danke ich Dir für diesen Segen.

XV. PRAKTISCHE HINWEISE

Nach der Analyse der konkreten Einzelfälle sollen abschließend noch einige praktische Hinweise aufgeführt werden, die sich im Zusammenhang mit einer ausgewogenen Ernährung und entsprechender Bewegung als sehr nützlich erweisen können.

***

Machen Sie sich mit den Grundkenntnissen der Ernährungslehre vertraut, damit Sie einen Einblick erhalten, wie viel Eiweiß, Kohlenhydrate und Fette für den Körper notwendig und gut sind und in welchen Lebensmitteln Sie diese vorfinden. Nehmen Sie diese Richtlinien als nützliche Hinweise, beachten Sie aber mit der Zeit mehr die Wahrnehmungen Ihrer eigenen Intuition, die sich allmählich immer intensiver und klarer zeigen werden. Das stete Streben öffnet die Portale nach innen.

Machen Sie sich bewusst, dass Abnehmen und eine gesunde Lebensweise beim bewussten Einkaufen beginnen. Viele Geschäfte bieten inzwischen Bio-Erzeugnisse an, die nicht den Geldbeutel sprengen. Gehen Sie nicht hungrig zum Einkaufen. Zum einen können sich sehr schnell persönliche Gelüste einstellen, die den wahrhaften Bedarf verzerren, zum anderen hängen sich dann gerne unvermittelt fremde Energieformen an, die durch Sie ihren eigenen Energiehaushalt auffüllen möchten.

Bei der Auswahl der Lebensmittel oder bei einer Veränderung von bislang eher ungesunder Kost in vitaminreiche Nahrung sollten Sie sich klar machen, dass Sie nicht *verzichten* müssen, sondern *tauschen* wollen: Sahnetörtchen in Obstsalat, um ein Beispiel zu nennen. Ungesunde Nahrung wird zu gesunder; Stress und Gewichtszunahme verwandeln sich in ein liebevolles Körperbewusstsein. Es ist etwas Schönes und Wichtiges, das Ihnen weiterhilft auf Ihrem Weg. Je feinfühliger Sie mit ihrem Körper umgehen, desto weniger fühlen Sie den Bedarf, Ihre Wünsche durch Essen zu befriedigen. Wenn Sie dann bei einer normalen und gesunden Lebensweise einmal zum Törtchen greifen, kann dies problemlos verarbeitet werden. Sie können ruhig einmal genießen, das Maß macht es aus und das Bewusstsein.

Ein alter Spruch der Volksweisheit sagt, dass ein Apfel (Bio-Apfel) am Tag den Arzt ersetzen könne. Er ist auf jeden Fall ein Quell von wichtigen Lebensessenzen und verbindet die ätherischen Energien des Menschen in ganz besonderer Weise mit den Energien der Natur. Die geistige Energie des Apfels weckt auch den inneren energetischen Arzt des Menschen.

In Stresszeiten verfügt der Mensch auch über die Möglichkeit, sich zusätzlich zu den Speisen mit Nahrungszusatzstoffen zu versorgen. Hochwertige, möglichst natürliche Vitamine, Spurenelemente, Mineralien, bei Bedarf auch Enzyme, Aminosäuren oder Stoffe, die den Körper bei der Entgiftung unterstützen, können sehr hilfreich sein. Selen-, Calcium- , Zink- oder Jod-Mangel sind nicht selten die Ursache für ein verzerrtes Essverhalten oder den Mangel an Abwehrkräften. Magnesium und Kalium sind beispielsweise für eine gute Weiterleitung von Signalen in den Nerven verantwortlich. In Zeiten von Stress und Überarbeitung, durch Rauchen und Alkoholmissbrauch benötigt der Körper große Mengen an Vitaminen und Mineralien.

Stress verursacht im Körper einen Ausstoß von Hormonen, welche den verstärkten Verbrauch, aber auch das unkontrollierte Ausleiten von Mineralien und Vitaminen aus den Zellen verursachen.

Stehen dem Körper bei der Entsäuerung (und wir Menschen sind manchmal ziemlich sauer!) nicht mehr die notwendigen Mineralien und Spurenelemente zur Verfügung, zieht er diese nach Leerung aller körperlichen Puffersysteme aus den Knochen. Dies führt zu Entmineralisierung und zu einer Veränderung der Zusammensetzung der Knochen; sie werden brüchig und schwach.

Machen Sie es sich zur Gewohnheit, vor jedem Essen ein Glas Wasser zu trinken. Nicht selten ist es Durst, der als Hunger wahrgenommen wird. Außerdem ist Wasser ein guter Magenfüller. Es ist insgesamt wichtig, über den Tag verteilt genügend zu trinken. Dann haben die Nieren genügend Flüssigkeit für ihre Entgiftungsfunktion, das Gewebe kann gespült werden und das Blut dickt nicht ein.

ESSEN SIE NICHT ZU SPÄT AM ABEND

Neuere Ernährungsvorschläge besagen, dass die Aufnahme von Kohlenhydraten am Abend durch Nudeln, Kartoffeln oder Brot die Gewichtszunahme fördert und deshalb versucht werden sollte, das Abendessen mit Eiweißnahrung, wie etwa Fisch oder hellem Fleisch, zu gestalten. Wenn sie den Tag über mit genügend Kohlenhydraten versorgt wurden, ist dagegen wohl nichts einzuwenden, doch ist auch ein Zuviel an Eiweiß eine Belastung für die Nieren.

Es besteht ein großes Pro und Contra in der Ernährungslehre. Neueste Forschungen haben nicht bewiesen, dass Kohlenhydrate bei der Gewichtszunahme am Abend ursächlicher sind als Eiweiße, doch haben viele Menschen berichtet, dass sie dies sehr wohl aus eigener Erfahrung wahrgenommen haben. Man sollte seinen Weg im Einklang mit sich selbst wählen.

Manchmal wird als Argument aufgeführt, dass die Menschen in

südlichen Ländern sehr spät am Abend essen, was ihnen anscheinend nichts ausmacht, doch sollte man nicht vergessen, dass die Menschen in sonnendurchfluteten Ländern einen ganz anderen Stoffwechsel aufweisen, da sie von mehr Sonnenenergie durchstrahlt werden und eine andere Art von Information in ihren Genen tragen. Auch lässt sich beobachten, dass die mediterrane Kost (aus der klassischen griechischen und römischen Antike) meist fleischarm und leicht verträglich ist, wogegen die germanisch-keltischen Traditionen genetisch oftmals noch von „Fleischeslust" geprägt sind. Bei vielen Nordeuropäern hat sich gezeigt, dass auch die Emotionen, die durch spätes Essen aufgenommen werden, in der Nacht schwerfälliger über das Solarplexus-Zentrum verarbeitet werden. Die körperliche Verdauung findet in der Nacht statt, und wenn der Magen zu stark belastet wird, kann dies die gesunde Verwertung stark beeinträchtigen.

BEWUSSTSEIN VOR DEM ESSEN

Da sich das Sättigungsgefühl erst etwa fünfzehn Minuten nach dem Beginn der Mahlzeit einstellt, ist es sinnvoll, langsam zu essen und gut zu kauen. Nicht nur für das Sättigungsgefühl, welches beim schnellen Essen gar nicht wahrgenommen werden kann, ist dieser Aspekt wichtig, sondern auch für die feinstoffliche Verwertung der Mahlzeit. Sobald die Nahrung die Schleimhäute des Mundes berührt, werden feine Signale ausgesandt, die auf der weltlichen Ebene die Verdauungssäfte vorbereiten und in den feinstofflichen Bereichen die Aufnahme von Äther- und Lichtenergie steuern. Verlässt die Nahrung zu schnell den Mundtrakt, kommt diese Tätigkeit gar nicht zum Zuge, und der Mensch verpasst diese wichtige Aufnahme feinstofflicher Energie.

Vor dem Essen kann ein Gebet gesprochen werden, welches nicht nur den Zugang zu den höheren Energieebenen öffnet, sondern auch die Nahrung mit Liebe durchdringt. Wir denken manchmal, das Leben auf der Erde bedürfe des Menschen nicht, es könne auch ohne ihn existieren. Doch dabei wird vergessen, dass der Mensch, als Träger des Christuslichtes, diese Liebe an Pflanzen, Tiere und an die Erde geben kann, was diese Bereiche erhöht und zu ihrer Verwandlung beiträgt. So schenkt uns die Erde die Früchte ihres Seins, und der Mensch schenkt der Erde die Liebe, die er in sich trägt und weiterschenken kann.

GEBET VOR DEM ESSEN

Höchste Schöpferkraft,
von Herzen danken wir Dir für diese Speise.
Wir ehren Dich, Mutter Erde, für das Wachstum und das Leben,
für die Kraft und die Liebe, mit der du alles auf dieser Erde erfüllst.
Wir danken der Sonne, dem Wind, dem Regen und allen Kräften,
die das Wachstum auf dieser Erde ermöglichen.
Auch dem Koch/der Köchin gilt unser Dank und unsere Liebe.
Möge die Speise vom Segen des Höchsten durchdrungen sein
und unser Sein auf allen Ebenen erfüllen und nähren.
Wir danken Dir, Gott, für alle Gaben, die du uns schenkst.
Möge Dein Segen stets mit uns
und mit allen Menschen sein.

Von besonderer Bedeutung ist auch das Atmen vor und während des Essens. Atmen Sie vor dem Essen ganz bewusst einige Male ein und aus. Stellen Sie sich vor, wie Sie mit dem Einatmen die feinstofflichen Essenzen, die ätherischen Energieträger, liebevoll in sich aufnehmen. Atmen Sie diese tief ein und spüren Sie die sich ausbreitende Kraft. Fühlen Sie bereits jetzt das Wesen der Nahrung. Bei Gemüse kann man sich bereits den Geschmack vorstellen und die Energie, die es trägt; bei Getreide oder Salat versuchen, die verschiedenen Schwingungen zu ergründen. Erleben Sie das

Essen auf der Äther- und Gefühlsebene, noch bevor Sie es sich als Nahrung zuführen.

BEWEGUNG IST WICHTIG

Versuchen Sie, sich täglich zu bewegen. Dies dient nicht nur der körperlichen Fitness, sondern auch dem Abnehmen und der Entschlackung. Bewegung hält Körper und Seele zusammen.

Eine wirkungsvolle Möglichkeit ist das morgendliche Training vor dem Frühstück. Wurde noch keine Nahrung aufgenommen, greift die körperliche Verbrennung im nüchternen Zustand viel schneller auf die Fettsäuren zurück als beim abendlichen Training. Wichtig ist zu wissen, dass die Fettverbrennung nicht erst nach fünfundvierzig Minuten, sondern bereits nach wenigen Minuten Training einsetzt. Außerdem wird auf natürlichem Wege die Schilddrüse aktiviert, die den Stoffumsatz des Körpers anregt und somit ebenfalls den Stoffwechsel ankurbelt. Da die Muskulatur auch im Ruhezustand mehr Kalorien verbraucht als Fettzellen, ist dies allein schon eine Hilfe beim Abnehmen.

KÖRPERWAHRNEHMUNG

Lassen Sie keinen Heißhunger aufkommen. Machen Sie keine zu großen Pausen zwischen den Mahlzeiten, vor allem nicht am Nachmittag und am Abend, da durch die hormonelle Umstellung im Laufe eines normalen Tagesablaufes am späteren Nachmittag ein Abfall der Vitalenergien stattfindet. Dann versuchen fehlprogrammierte Zellen gerne, ihren Bedarf über „schlechte“ Kohlenhydrate zu decken. Das Verlangen nach Fettem, Süßem oder Gebratenem kann einsetzen, und über das Gefühl des scheinbaren Genusses wird versucht, auch emotionale Mangelzustände und Stress zu kaschieren.

Versuchen Sie, auf ihren Körper zu hören. Fragen Sie ihn bereits beim Einkaufen, ob er sich bei der Wahl der Lebensmittel gut fühlt.

Wenn Sie im Restaurant die Speisekarte lesen, dann versuchen Sie, bei den verschiedenen Speisen tief in sich hineinzuhören, ob ihrem Körper das Essen gefällt und gut tut oder ob Sie ein unangenehmes Gefühl verspüren.

Wird die Wahrnehmungsebene geschult und geachtet, fassen diese Bereiche Vertrauen, und die Kommunikation wird immer stärker ausgebaut. Dann kann in Harmonie mit der inneren Weisheit des Körpers das Leben wirklich Freude machen. Man fühlt sich eins mit sich selbst, und die Nähe der geistigen Welt kann intensiver erlebt werden. So kann die Weisheit des Körpers in Verbindung mit dem Schutzengel und der höheren Führung sogar mitteilen, wenn Schadstoffe oder sogar Gifte in bestimmten Lebensmitteln sind. Wir werden dann konkret gewarnt, was jedoch nur dann funktioniert, wenn der Mensch auch hört und sich der geistigen Welt und seines eigenen Körpers wahrhaft bewusst ist.

***

Ein Umstellen der Ernährung und eine Veränderung der Lebensweise ist in jedem Fall mit dem Einsatz von persönlicher Energie verbunden. Es bedeutet, Aufmerksamkeit auf die Nahrung und den Körper zu richten, und es muss dieser Aufgabe auch der notwendige Zeitrahmen eingeräumt werden.

Die Umstellung sollte jedoch immer aus Erkenntnis und Bewusstsein erfolgen und nicht aus der Härte des Eigenwillens. Rein eigenwillige Umwälzungen können nicht dauerhaft Bestand haben, da sie die tiefen Ebenen des Seins nicht für eine Veränderung erreichen. Nur in Verbindung mit den höheren Ebenen und den feinstofflichen Energien kann eine wahrhafte Umwandlung einsetzen. Sobald alte Muster und innere bindende Strukturen aufgelöst und transformiert wurden, kann die natürliche Ordnung wieder zum Tragen kommen, und der Wunsch nach dem Idealgewicht wird zur Realität.

Auch wenn Sie sich selbst momentan mit Übergewicht herumschlagen oder an Essstörungen leiden, machen Sie sich bewusst, dass Sie Teil des großen Wandels sind und diese Auswirkungen sich wieder harmonisieren lassen. Auch Ihr Körper befindet sich in Veränderung und ist *mitten auf dem Weg.* Es stehen uns Möglichkeiten und Wege offen, die unschönen Auswirkungen wieder in den Griff zu bekommen.

Es ist wichtig, das persönliche Idealgewicht zu finden, unabhängig von äußeren Einflüssen, aber in enger Übereinstimmung mit der Intelligenz des Körpers. Diese innere Intelligenz lässt sich nicht von äußeren Top-Model-Ansprüchen leiten, sondern achtet auf die Bedürfnisse des Körpers. Dann kann es durchaus sein, dass ein Mensch auch mit „leichter Polsterung“ wunderschön aussieht, weil dies innerlich stimmt. Erkennt der Mensch, dass sein Gewicht in Harmonie mit seinem Wesen schwingt, wenn er seinem Körper gesunde Energie und Liebe aus der Nahrung schenkt, erfüllt ihn eine Sicherheit und Lebensfreude, die ihm niemals von außen zufließen könnte. Dann stimmt auch seine Ausstrahlung, und die innere und äußere Schönheit bilden ein harmonisches Ganzes.

Die globalen Schwingungsveränderungen werden nach wie vor auf der Körperebene viel Energie beanspruchen, doch der Mensch erhält auch viel Schutz aus der geistigen Welt. Sie ist immer für den Menschen da, und eine Vielzahl von Engelwesen unterstützen uns, die mit tiefer Hingabe und Liebe an unserer Seite stehen. Es ist wunderschön zu sehen, mit welcher Freude jeder Mensch unterstützt wird auf seinem Weg und mit welcher Hingabe jede

Zuwendung des Menschen an diese lichtvollen Wesen beantwortet und gesegnet wird.

XVI. ZUKUNFTSVISIONEN

Auch wenn die gegenwärtige Welt eher trübe aussieht und man teilweise nicht mehr weiß, wie es weitergehen soll, schreitet die Menschheit dennoch auf ein neues Goldenes Zeitalter zu. Auch wenn die dunklen Kräfte noch glauben, sie hätten die Welt im Griff und könnten sie nach ihren Vorstellungen von Macht und Unterdrückung ausbeuten und beherrschen, sind sie dennoch zum Scheitern verurteilt. Jeder Mensch, der sich auf dem Weg der Liebe befindet, wird von den lichtvollen Energien bis in sein innerstes Wesen durchdrungen, geführt und getragen. Er muss vielleicht noch bestimmte alte Strukturen ablösen, doch ist dies, geistig betrachtet, ein notwendiger Schritt, damit jede Faser seines Wesens den Weg des Lichtes aus freien Stücken wählen und sich gegen das Dunkle auflehnen kann. Alle dunklen Machenschaften kommen ans Licht, und wer sie zu sehen und wahrzunehmen vermag, wird sich entscheiden können.

Die Schwingung der Erde wird immer mehr durchlichtet, und nach der Reinigung bestimmter Energiefelder kann die Menschheit in einem neuen, erwachten Bewusstsein ihren Entwicklungsweg fortsetzen.

Mit Hilfe dieser neuen Energien werden sich auch die Körper verändern. Krankheit und das Leid des Todes wird es nicht mehr geben. Die Verbindung und die Kommunikation mit den geistigen Ebenen wird geöffnet werden, und die Zwiesprache mit den Engeln wird keine Seltenheit mehr sein.

Der Mensch wird bewusst nach dem Göttlichen streben, weshalb er keine Hinweise mehr über körperliche Erkrankungen benötigt. Das Karma im herkömmlichen Sinne, ob persönlich oder kollektiv, wird abgetragen und verarbeitet sein. Alte, belastende Gedankenfelder werden in dieser Form, wie sie heute noch bestehen, nicht mehr existieren. Der Mensch ist frei und wach genug, um sich von den höheren Kräften führen zu lassen und in Harmonie mit ihnen seine Entscheidungen zu treffen. Er prüft sich stets und bittet um Hinweise, damit er sich bestmöglich entwickeln kann. Die Menschen können Engel und Erzengel offen erkennen, und ein liebevoller Austausch setzt ein, wie er in dieser Intensität noch nicht vorhanden war.

Die Menschen werden lernen, konstruktiv mit den feinstofflichen Energien umzugehen, und dadurch wird die allgemeine Schwingung noch mehr erhöht. Die Intuitionsebene wird geöffnet, was eine enge geistige Führung ermöglicht. Die Wahrnehmung der großen Einheit wird immer deutlicher, und jeder wird sein Bestes für die Gemeinschaft geben.

Kein Mensch wird mehr übervorteilt oder gar ausgeschlossen. In jedem Einzelnen wird sein wahres Potenzial erkannt, und in gemeinsamem Streben wird es Lebensgemeinschaften geben, die wir uns heute noch nicht vorstellen können. Jeder Mensch wird seine Aufgabe in dieser Gemeinschaft finden und alles geben, was den Mitmenschen und dem Umfeld zuträglich ist. Geldwirtschaft in der bisherigen Form wird es nicht mehr geben, da alles geteilt und verteilt wird, was es gibt. Die Fülle wird das Dasein bestimmen, welche nicht ausgenutzt, sondern genossen wird, in Dankbarkeit für alle die Wesen und Energien, die jene Fülle ermöglichen. Die Harmonie mit den Tieren, die selbst nur noch Vegetarier sind, und mit der Natur, mit Mutter Erde, mit den Geistern der Elemente, mit der feinstofflichen Welt und mit den lichtvollen Wesen wird ununterbrochen vorhanden sein.

Auch der menschliche Körper wird in der Zukunft nur noch ein Minimum an grobstofflicher Nahrung benötigen. Er nimmt über den Atem sehr viel Energie auf, und über die Liebe in seinem Herzen wird er aus Ebenen gesättigt, die den Körper und alle feinen Schichten bis in den kleinsten Winkel durchdringen. Obst, Beeren, Korn und Pflanzen, die beim Ernten nicht absterben, sondern stets ihre Früchte schenken, werden die Nahrung der Menschen sein.

Allerdings ist der menschliche Körper gegenwärtig noch nicht dazu in der Lage. Die Vorbereitungen werden zwar schon getroffen, doch wird die Umstellung noch eine Weile dauern. Deshalb ist es so wichtig, die Altlasten im Inneren abzubauen, um im Bewusstsein der kommenden Entwicklungen Erkenntnisse zu sammeln und mit viel Liebe zum eigenen Körper und zum eigenen Wesen neue Wege einzuschlagen. Mit dem Gespür für das eigene Wesen können alte innere Sperren und Blockaden mit der Zeit abgebaut werden. Es mag Zeit und Aufmerksamkeit kosten, doch es lohnt sich. Ein liebevolles Miteinander mit dem Körper ermöglicht ein intensiveres Streben auf dem geistigen Weg und ein neues, spirituelles Bewusstsein für den physischen Plan.

***

Von Herzen wünsche ich Ihnen, liebe Leserin, lieber Leser, alles erdenklich Gute sowie viel Kraft und Freude auf diesem Weg. Möge der Segen des Höchsten Sie stets auf ihrem Weg begleiten.

***

DIE AURA DES MENSCHEN

Manuela Oetinger

Die Aura – Die Energiefelder des Menschen
Pbk., 190 Seiten
ISBN 978-3-89427-173-2

Von Kindheit an mit außergewöhnlichen geistigen Fähigkeiten begabt, vermochte es Manuela Oetinger, den Menschen auch als feinstoffliches Wesen zu studieren. Der Mensch lebt in verschiedenen Ebenen und empfängt ebenso aus diesen Sphären wie er selbst auch Gedankenkräfte und Gefühlsimpulse in diese Bereiche ausstrahlt. Die Aura des Menschen wird somit zum Brennpunkt eines kosmischen Feldes, in dem der Einzelne in gewissem Ausmaße alles beeinflusst, aber selbst auch von allem beeinflusst wird.

Die Aura – Das Tor zur Seele
Pbk., 220 Seiten
ISBN 978-3-89427-229-6

Manuela Oetinger zeigt in ihrer faszinierenden Studie in allen Einzelheiten auf, wie das Fühlen und Denken des Menschen Kräfte und Energien freisetzt, die wieder auf ihn zurückwirken – nach kurzer Zeit oder möglicherweise erst nach mehreren Erdenleben. Diese geistigen Felder finden mit unfassbarer Präzision zu ihren Erzeugern zurück und müssen von diesen bearbeitet und letztlich erlöst werden. So wie der Mensch Begabungen und Talente erworben hat, muss er sich auch mit seinen Schwächen, Süchten und schlechten Neigungen auseinandersetzen.

Die Aura im täglichen Leben
Bd. 1
Pbk., 170 Seiten
ISBN 978-3-89427-250-0

Manuela Oetinger zeigt in ihren „Aura-Studien" auf, wie feinstoffliche Felder oder Gedankenkräfte jeden Augenblick des Alltags bestimmen. Im ersten Band der „Aura-Betrachtungen im Alltag" konzentriert sich Manuela Oetinger auf den Lebensplan, der von entscheidender Bedeutung für eine sinnvolle Gestaltung des eigenen Lebensweges ist. Weiterhin analysiert sie anhand zahlreicher Beispiele, auf welche Weise das menschliche Denken und Reden das tägliche Leben prägen. Dabei spannt sie den Bogen von der Meditation bis hin zum üblichen Büro-Tratsch. Neben den innerseelischen Bereichen richtet sie ihr Augenmerk auch auf die täglichen Lebensgewohnheiten und schildert die feinstofflichen Wirkungen des Rauchens ebenso wie den Einfluss unserer Nahrungsmittel auf das körperliche und seelische Wohlbefinden.

Die Aura im täglichen Leben
Bd. 2
Wie Gedankenformen und Energiefelder den Alltag bestimmen
Pbk., 174 Seiten,
ISBN 978-3-89427-266-1

Im zweiten Band ihrer „Aura-Betrachtungen im Alltag" konzentriert sich Manuela Oetinger auf das Verständnis von Freiheit und Schicksal sowie auf die tieferen, auch karmischen Aspekte von Liebe und Leid. Sie analysiert die eigentlichen Ursachen von Krankheiten, mit einem speziellen Blick auf die Hintergründe von Depressionen.
Weiterhin behandelt sie das Phänomen der Erdstrahlen, die Wirkung von Alkohol sowie den Umgang mit Einsamkeit auf der Suche nach Gott. Sie schildert die feinstofflichen Bindungen in den Beziehungen von Mensch und Tier und schenkt dem Leser dadurch ein vertieftes Verständnis der inneren Einheit allen Lebens. Im Kapitel der „Judas-Rolle" befasst sich die Autorin damit, in wie vielen Situationen des alltäglichen Lebens eine „Judas-Figur" auftritt und durch ihr Wirken einen entscheidenden Einfluss auf alles Geschehen nimmt.

KARMA UND FREIHEIT

Manuela Oetinger
Karma und Freiheit
Sinnvoll leben zwischen schicksalhafter Notwendigkeit und freier Selbstbestimmung
Pbk., 150 Seiten
ISBN 978-3-89427-260-9

Auf welche Weise stehen Karma und Freiheit miteinander in Beziehung? Manuela Oetinger analysiert zahlreiche Lebenssituationen und zeigt auf, inwieweit jeweils karmische Voraussetzungen wirksam waren und inwieweit der Einzelne aus wirklich freier Entscheidung handeln konnte. Dabei wird deutlich, dass zwischen der menschlichen Willensfreiheit der Persönlichkeit und der seelischen Freiheit der eigentlichen geistigen Individualität unterschieden werden muss.

Über wieviel Freiheit verfügt der Mensch wirklich?

Wie Energiefelder das zwischenmenschliche Zusammenleben beeinflussen

Manuela Oetinger
Beziehungen
im Spiegel der Aura
Wie feinstoffliche Energiefelder
das zwischenmenschliche
Zusammenleben beeinflussen
Pbk., 220 Seiten
ISBN 978-3-89427-282-1

Kein Thema beschäftigt den geistig suchenden Menschen mehr als sein Beziehungsleben. Erstmals wird in dieser einzigartigen Gesamtschau das menschliche Beziehungsleben aus der Perspektive feinstofflicher Zusammenhänge betrachtet. Dabei zeigt sich, wie viele Konflikte durch selbst aufgebaute oder durch von anderen erschaffene Energiefelder verursacht werden. Wer sich diese Zusammenhänge bewusst machen kann, hält einen hervorragenden Schlüssel in der Hand, um sein Beziehungsleben harmonisch und erfolgreich zu gestalten.
Ein Meisterschlüssel, um die Beziehungen mit seinen Partnern, Kindern, Freunden und Familienmitgliedern von allen Konflikten zu befreien und so zu einem erfüllten menschlichen Dasein zu finden.

Chakras

Manuela Oetinger
Die Chakras – Die Energiezentren des Menschen für das Bewusstsein einer neuen Zeit
Hardcover, 208 Seiten
ISBN 978-3-89427-311-8

Die Literatur über die Chakras ist ebenso mannigfaltig wie widersprüchlich. Wer sich anhand der vorhandenen Veröffentlichungen über die Energiezentren im menschlichen Körper informieren möchte, wird nach dem Studium von einigen Büchern eher verwirrt als aufgeklärt sein. Dies lässt sich auf einfache Weise dadurch erklären, dass der überwiegende Teil der Chakra-Bücher nicht auf Erfahrungswissen aufbaut.
Mit dem vorliegenden Buch von Manuela Oetinger liegt ein Grundlagenwerk vor, das auf jahrelangen Beobachtungen der menschlichen Aura basiert und in seiner Tiefe und Sorgfalt für Jahre Maßstäbe setzen wird.
Das zukünftige Standardwerk über die Chakras!

Schutz und Heilung

Manuela Oetinger
Schutz- und Heilungsgebete für Kinder
Hardcover, 144 Seiten
ISBN 978-3-89427-348-4

Der Volksmund sagt, kleine Kinder sähen noch mit ihren „Himmelsaugen“. Leider schließen sich diese später, zumeist in einem Alter von etwa sieben Jahren. Seit einiger Zeit scheint diese alte Regel aber nicht mehr zu gelten. Es werden immer mehr Kinder geboren, die offensichtlich „Bürger zweier Welten“ sind – und es auch bleiben. Für diese lichten Wesen sind Engel eine alltägliche Realität – und Diesseits und Jenseits im herkömmlichen Sinne existieren für sie nicht mehr.
Für diese, aber natürlich auch für alle anderen Kinder dieser Welt, hat Manuela Oetinger überaus liebevolle Gebete verfasst, die ihnen helfen, ihr inneres Potenzial zu entfalten und ihre göttlichen Anlagen zum Ausdruck zu bringen. Diese Gebete können von den Kindern selbst gesprochen werden, aber sie können auch von den Eltern oder Freunden mit den Kindern gebetet werden.
Es sind berührende Worte und meditative Texte, die Kinder wie Lichtwolken umhüllen und dazu beitragen, Himmel und Erde wieder in Liebe zu verbinden.